SCHNAUZER
CUIDADOS • REPRODUÇÃO • CRIAÇÃO
TREINAMENTO • DOENÇAS

3ª Edição

Kelvercrest The Curtain Call, vulgo **Curtis**. Macho Minischnauzer sal-e-pimenta. Prop. Suzanne Blum. Canil Haus-Viking. São Paulo-SP.

MÁRCIO INFANTE VIEIRA

MÉDICO VETERINÁRIO

Cargos ocupados: Fundador e 1º Presidente da Associação Fluminense de Cunicultura; do Centro de Estudos de Informação em Extensão Agrícola; Conselheiro do Alto Conselho Agrícola do Estado de São Paulo; Assistente da Divisão de Medicina Veterinária do Instituto Vital Brasil; Membro do Conselho de Agricultura do Estado do Rio de Janeiro; Fiscal de Carteira Agrícola do Banco do Brasil; Coordenador-Técnico do Banco Central do Brasil; Presidente da Associação Brasileira de Criadores de Coelhos; credenciado pelo Ministério da Agricultura.

SCHNAUZER
CUIDADOS • REPRODUÇÃO • CRIAÇÃO
TREINAMENTO • DOENÇAS

3ª Edição

SÃO PAULO - SP
BRASIL

2007

PRATA EDITORA E DISTRIBUIDORA LTDA.

PRATA
Editora

Dados Internacionais de Catalogação na Publicidade (CIP)
(Câmara Brasileira do Livro, SP, Brasil)

Vieira, Márcio Infante, 1922-
　　Schnauzer / Márcio Infante Vieira. -- 3. ed.

São Paulo : Prata Editora, 2007

　　1. Schnauzer 2. Schnauzer - Criação 1. Título

07-01904　　　　　　　　　　　　　　　　　　CDD-636.76

Índices para catálogo sistemático:

　　1. Schnauzer : Criação : Zootecnica　636.76
　　2. Schnauzer : Zootecnia　　　　　　636.76

Prata Editora e Distribuidora Ltda.
prataeditora@hotmail.com

　　　Todos os direitos reservados ao autor, de acordo com a legislação em vigor. Proibida a reprodução total ou parcial desta obra, por qualquer meio de reprodução ou cópia, falada, escrita ou eletrônica, inclusive transformação em apostila, textos comerciais, publicação em websites, etc., sem a autorização expressa e por escrito, do autor. Os infratores estarão sujeitos às penalidades previstas na lei.

Capa: Kelvercrest The Curtain Call, vulgo Curtis. Macho Minischnauzer sal-e-pimenta. Prop. Suzanne Blum - Canil Haus-Viking. São Paulo - SP.

Impresso no Brasil / Printed in Brasil

SUMÁRIO

INTRODUÇÃO 9

Capítulo 1 – O SCHNAUZER E SUA ORIGEM 11
O Schnauzer e os cavalos 13 – tipos de pelagens 13 – as 3 raças de Schnauzers 14 – Standard 14 – Miniatura ou Minischnauzer 14 – Gigante 14

Capítulo 2 – SCHNAUZER STANDARD 15
Características gerais do Schnauzer Standard 16 – pelagens e pêlos 18 – cores 19 – faltas 19 – marcha ou andar 19 – defeitos 20 – desqualificações 20

Capítulo 3 – SCHNAUZER GIGANTE OU RIESENSCHNAUZER 21
Origem 21 – marcha ou andar 26

Capítulo 4 – MINISCHNAUZER, MINIATURA SCHNAUZER OU SWERG-SCHNAUZER (SCHNAUZER ANÃO) 27
Origem e características 27 – higiene 29 – amputação da cauda 31 – corte de orelhas 31 – treinamento ou exercício do Minischnauzer 31 – características 32 – cores 34 – andar ou marcha 35 – tempo de vida 35

Capítulo 5 – A RELAÇÃO DO HOMEM COM O CÃO 37
Quando é deixado sozinho 38 – o Schnauzer e as crianças 38 – como orientar as crianças 39 – o Schnauzer também sente ciúme 39 – as idades do cão e do homem 40 – tabela de correspondência 41 – viagem (providências) 41 – documentos exigidos e procedimentos 41 – transporte 42 – hospedagem para cães 43

Capítulo 6 – ESCOLHA E AQUISIÇÃO DO FILHOTE 45
Por que e para que ter um cão 45 – a escolha do filhote na ninhada 46 – a aquisição 46 – tarjeta 46 – sexo 46 – idade 48 – características 48 – documentação 49

Capítulo 7 – APÓS A AQUISIÇÃO DO FILHOTE 51
Como segurar o cachorrinho 51 – transporte do filhote 51 – chegada à nova casa 52 – para que o filhote se sinta bem 54 – como evitar alguns perigos para os filhotes 54 – cama para o filhote 55 – gaiola para cães 56 – casinha para o cão 56 – onde fazer as suas necessidades 57 – higiene 57 – filhote que urina em qualquer lugar 57 – o cão à mesa, na hora das refeições 58 – cuidados no manejo dos filhotes 58 – coleira, guia e enforcador 59 – passear com ou sem a guia 61 – relacionamento entre cães 61

Capítulo 8 – COMO EVITAR A REPRODUÇÃO 65
Cadela – precauções 65 – operação cesariana 66 – cão – providências 66

Capítulo 9 – REPRODUÇÃO E CRIA DO SCHNAUZER 67
Machos ou padreadores e a sua seleção 67 – fêmeas ou matrizes-seleção 69 – idade adequada para a reprodução 71 – ciclo sexual ou estral da cadela 71 – o cio 72 – preparando para o acasalamento 73 – ritual do acasalamento 75 – acasalamento ou cobertura 75 – após o acasalamento – cuidados 78 – impotência sexual 78 – prenhez ou gestação 79 – período de gestação 79 – sinais de fecundação e de gestação 79 – ultrassonografia 81 – gestações anormais em cadelas 81 – exercícios para gestantes 81 – alimentação e gestação 82 – pseudo-gestação, gestação psíquica ou falsa gestação 83 – morte de fetos 83 – a falsa gestação e o leite 83 – cadela estragada ou ventre sujo 84 – aborto 85

Capítulo 10 – PARTO 87
A cadela pode ficar brava 87 – preparando para o parto 87 – o ninho 88 – contra esmagamentos no ninho 90 – ninho e higiene 90 – acompanhante durante o parto 91 – material necessário 91 – parto 91 – sinais de parto próximo 92 – o dia do parto 92 – os trabalhos de parto 92 – nascimento dos filhotes 93 – importante 94 – problemas no parto 94 – placenta 95 – alguns cuidados com a cadela 95 – cordão umbilical e como cortá-lo 96 – bolsa d'água e como abrir 97 – número de filhotes por parto 97 – após o parto – primeiros cuidados 98 – sexo dos filhotes 99 – depois do parto 99 – eclâmpsia 100 – temperatura dos filhotes 100

Capítulo 11 – PRIMEIROS CUIDADOS COM OS FILHOTES 101
Os recém-nascidos e sua seleção 102 – eutanásia ou sacrifício 102 – número de filhotes com a cadela 103 – órfãos 103 – outros cuidados com os órfãos 104 – saúde 104 – ergot, unha de lobo ou esporão 104

Capítulo 12 – LACTAÇÃO E DESMAMA 107
O primeiro leite e o colostro 107 – lactação 107 – produção leiteira 108 – período de lactação 108 – as mamadas 109 – cuidados durante a lactação 109 – alimentação suplementar 110 – receitas para mamadeiras 110 – desmama 111 – alimentação artificial 112 – leite no prato ou em outra vasilha 112 – baias para alimentação dos filhotes 113 – surdez 113 – cuidados com as unhas dos filhotes 114 – banheiro para os filhotes 115

Capítulo 13 – O CRESCIMENTO E O SEU PERÍODO 117
Ensino e treinamento 117 – pesagem 117 – controle de peso 118

Capítulo 14 – ALIMENTOS E ALIMENTAÇÃO 119
Alimentos 119 – carne 119 – farinha de carne 120 – peixes 120 – farinha de peixe 120 – ovos 120 – leite 120 – cereais 120 – massas 120 – açúcar, doces, bombons, balas, chocolate etc. 120 – legumes 121 – frutas 121 – sais minerais 121 – vitaminas 121 – alimentos comerciais 122 – água 123 – distribuição de alimentos 124 – quantidades de alimentos 124 – defeitos de alimentação e seus sintomas 125 – dieta para emagrecer..................... 125

Capítulo 15 – HIGIENE E TRATAMENTO DO CÃO 127
Higiene bucal 127 – como escovar o Schnauzer 127 – o uso de pentes 128 – banho normal 129 – banho a seco 130 – outro tipo de banho 130 – limpeza dos ouvidos 130 – utilidades para os cães 131 – roupas e acessórios 131 – outros produtos 131 – tosa ou trimming 132

Capítulo 16 – DOENÇAS E VACINAÇÃO 133
Verminoses 133 – doenças e vacinas 133 – cinomose 134 – hepatite infecciosa 134 – leptospirose 134 – parvovirose 134 – coronavirose 134 – influenza 134 – raiva 135 – tabela de dosagens 135

Capítulo 17 – TREINAMENTO DOS SCHNAUZERS 137
Ensino 138 – treinamento, palavras e ordens 138 – os exercícios 139 – regras para o treinamento 140 – a ordem "NÃO" 141 – como tirar as

"manhas" dos cães 141 – como evitar que o cão arranhe a porta 142 – não mexer nas coisas 142 – a vir até onde está o dono 143 – a andar junto ao dono 143 – sentar 144 – a sentar na vertical, só nas pernas traseiras 144 – a deitar 145 – a pegar objetos 145 – as ordens "NÃO" e "PEGA" – treinamento 145 – "PEGA" e "LARGA" 146 – a parar de latir 146 – não pegar comida achada ou dada por estranhos 147 – a buscar um objeto 148 – a guardar veículos e outros bens 149 – a nadar 150 – a andar na frente do dono 150 – a atacar 151 – a revistar um terreno 152 – a saltar em distância 153 – a saltar obstáculos em altura 154 – a saltar obstáculos e buscar objetos 156 – a escalar muros e paredes 156

INTRODUÇÃO

Quem quiser ter um cão inteligente, simpático e alegre; um ótimo cão de companhia rústico, forte e valente; que gosta de crianças; de boa índole; um amigo fiel do seu dono, que o defende de qualquer perigo e que gosta, também, de toda a família, pode escolher um Schnauzer, porque é uma boa escolha.

Além disso, embora o Schnauzer Standard e o Gigante sejam cães de guarda e o Minischnauzer um Terrier, por suas ótimas qualidades e caráter, eles se transformam em excelentes cães de companhia. São amáveis, com os conhecidos, mas desconfiados com estranhos (há muitas exceções), mantendo-se sempre alertas a seus movimentos e protegendo a casa e os que nela vivem.

O que, no entanto, mais chama a atenção em um Schnauzer, sendo mesmo a sua característica principal, são os seus longos bigodes, a sua barba e as suas sobrancelhas de pêlos grossos e compridos, que lhe dão um aspecto muito interessante, fazendo um grande sucesso por onde passa.

O Autor

Zoogbi. Macho Minischnauzer sal-e-pimenta. Criadora: Deolinda Teixeira. Canil Don Clar's. São Paulo-SP.

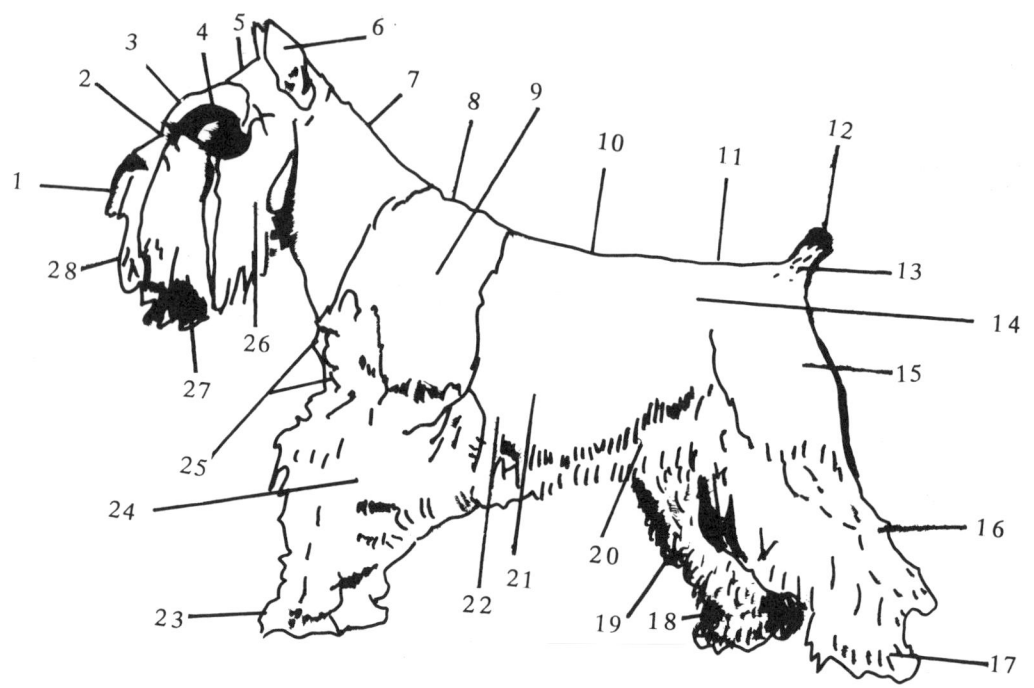

Partes ou regiões do corpo do cão. 1 - nariz; 2 - stop; 3 - sobrancelhas; 4 - olhos; 5 - crânio; 6 - orelhas; 7 - pescoço; 8 - cernelha; 9 - ombro ou espádua; 10 - dorso ou costas; 11 - anca; 12 - cauda; 13 - inserção da cauda; 14 - região renal; 15 - coxa; 16 - jarrete; 17 - pé; 18 - metatarso; 19 - rótula; 20 - ventre; 21 - costelas; 22 - tórax; 23 - pé; 24 - ante-braço; 25 - peito; 26 - bochecha; 27 - barba; 28 - bigode.

CAPÍTULO 1

O SCHNAUZER E SUA ORIGEM

O Schnauzer é bastante antigo, já sendo encontrado na Alemanha, seu país de origem, nos séculos XV (1492) e XVI (1505), em pinturas de Albrecht Dürer (1471-1528): The Madonna whith many Animals (1492, ano do descobrimento da América); Lovers (1494); The Martyrdom of Johne the Bearing of the Cross e Christ Before Caiphas, em 1504 e, mais tarde, em telas de Rembrandt e de Sir Joshua Reynolds.

Também no século XV, Lucas Cranach The Elder apresentou, em sua famosa pintura "The Crown of Thorns", um cão com as características de um moderno Schnauzer.

Na cidade de Mecklenburg, na Alemanha, existe uma estátua do século XIV, de um caçador com um cão, cujas características são muito parecidas com as do Schnauzer Standard atual.

O Schnauzer é originário da Alemanha, de Württemberg, da Baviera e de Baden-Baden, espalhando-se pela Europa, começando pela Suíça e pela França sendo, atualmente, encontrado em todo o mundo, inclusive no Brasil onde, devido às suas extraordinárias qualidades, sua criação vem tomando um grande impulso e desenvolvimento.

No século XV, cães muito parecidos com os Schnauzers eram encontrados, não só nas cidades mas, e principalmente, no campo, em sítios e fazendas.

Os primeiros Schnauzers eram sal-e-pimenta, black-and-tan e preto sólido. Sua formação ainda não foi bem esclarecida, mas parece que o Schnauzer descende do mais antigo Terrier, pois ele é, realmente, um Terrier, palavra esta que vem de *terrarus* que, em latim, significa "terra". Em alguns países, no entanto, ele é considerado um cão de guarda, devido às suas qualidades, por ser muito inteligente, vivo, esperto, fiel, forte, com uma boa musculatura, estrutura compacta e muito resistente. É muito parecido com o Pinscher alemão de pêlo duro.

A princípio, foi empregado na lida com o gado, no combate a ratos, inclusive do mato; como guarda; cão militar e cão de polícia. Em 1945 ele passou para o GRUPO DE TRABALHO.

Embora seja considerado um Terrier, o Schnauzer apresenta diversas diferenças em relação à maioria dos Terriers e, entre elas temos: os Terriers gostam de fazer brincadeiras, o que não ocorre com o Schnauzer, apesar de ele também brincar. Há, no entanto, uma grande diferença entre eles, nesse sentido, porque os Terriers são, normalmente, agradáveis, acessíveis e até gentis com estranhos ou outras pessoas, ao passo que o comportamento do Schnauzer é de desconfiança com estranhos; a conformação dos Schnauzers é diferente da que apresentam os Terriers, pois estes a têm mais ou menos parecida.

A sua classificação como Terrier deve-se ao fato de ser ele um cão forte, resistente, robusto e que possui uma grande disposição para caça e para exercícios.

O Schnauzer parece ser o resultado de cruzamentos do Poodle Alemão preto com o Wolfgrey Spitz e o antigo Pinscher de pêlo duro. Ele é, realmente, um Terrier, como o seu próprio nome o indica, pois "Pinscher", em alemão, significa "Terrier" e o seu nome original é Schnauzer Pinscher.

Com o nome de Wirehaired Pinscher (Pinscher de pêlo duro), o Schnauzer foi apresentado, pela 1ª vez, na 3ª Exposição Internacional Alemã, realizada em 1879, na Alemanha. A 1ª Exposição Especializada de Schnauzers, no entanto, foi realizada em 1890 em Stuttgart, na Alemanha.

Mais tarde, os Pinschers foram divididos em Pinschers de pêlo liso (Pinschers) e Pinschers de pêlo de arame (Schnauzers).

Em 1895, foi fundado o Pinscher Klub, sendo em 1918, associado ao Bavarian Schnauzer Klub.

Apesar de já ser bastante conhecido pelo povo, somente em 1900 é que as autoridades alemãs, reconhecendo as extraordinárias qualidades ou características desse excelente cão, por ele se interessaram.

O seu nome Schnauzer vem da palavra alemã **"schnauz"**, que significa "bigode", referindo-se, naturalmente, aos longos pêlos que ele apresenta no focinho, e que são a sua característica mais marcante ou que mais chama a atenção, ou seja, o seu bigode, e que lhe dá o nome, "schnauzer", isto é, que tem bigode. Além disso, suas sobrancelhas são muito compridas. Ele tem, portanto, a cara coberta por pêlos longos nas sobrancelhas, acima dos olhos e em torno do focinho, formando os seus famosos bigodes, que são a sua mais acentuada característica e o que lhe dá um certo ar de seriedade.

O SCHNAUZER E OS CAVALOS

Não há dúvida alguma, de que os Schnauzers gostam de cavalos. Isso já vem sendo observado desde os tempos antigos quando, na Europa, os transportes eram feitos por carruagens e diligências puxadas por esses animais.

Os Schnauzers que as guardavam, iam trotando ao lado dos cavalos e a eles se adiantavam, como verdadeiros batedores, dando o alarme ao menor sinal de perigo. Nas horas das paradas e de descanso e durante a noite, eles preferiam a companhia dos cavalos.

Em sítios e fazendas, eles preferem, sempre, a companhia dos cavalos, à de animais de outras espécies.

Reconhecendo essa afinidade entre os Schnauzers e esses animais e o bem que a sua companhia faz a eles, é que um número, cada vez maior, de proprietários de Puros Sangues está colocando Schnauzers para lhes fazer companhia ou mesmo, na lida nos seus Haras.

Essa integração entre Schnauzers e os cavalos era tão grande que, já no Século passado, eles eram conhecidos como "griffon dos estábulos". Somente mais tarde é que passaram a ser chamados de Schnauzers que, como já o mencionamos, se refere aos seus grandes bigodes.

TIPOS DE PELAGEM

Os Schnauzers podem apresentar, na prática, 2 tipos diferentes de pelagens, de acordo com a sua origem:

1 – alemã, que é áspera ao toque e rala, além de não ser muito comprida na barba, bigodes, sobrancelhas e saias. Pelas suas características, é mais fácil de ser cuidada, porque seus pêlos, embaraçando pouco, quase não necessitam de ser escovados;

2 – americana, cuja característica é ser mais fina e mais macia, bem como mais longa e mais abundante e cheia, fazendo com que o Schnauzer fique mais vistoso e atraente. Por serem, no entanto, mais compridos, os seus pêlos têm uma tendência a se embaraçarem mais e a darem mais nós.

Acasalando um cão com pelagem alemã, com um que possua a pelagem americana, são obtidos produtos cuja pelagem apresenta características de ambas as origens, pois será mais densa, com maior quantidade de pêlos (da americana) e eles serão mais grossos (da alemã).

AS TRÊS RAÇAS DE SCHNAUZERS

As raças de Schnauzers aceitas são 3, cada uma delas tem o seu "PADRÃO OFICIAL DA RAÇA", e são as seguintes:

1 – Standard, a primeira a ser obtida e da qual se originaram as outras 2 raças de Schnauzers, pelo seu cruzamento com outras raças. Suas cores podem ser preto ou sal-e-pimenta. É classificada no Grupo III – CÃES DE GUARDA;

2 – Minischnauzer, Miniatura Schnauzer ou **Schnauzer anão**, a menor das 3 raças, mas a mais criada em todo o mundo. Pode ser sal-e-pimenta; preto sólido; preto-e-prata e também branco. A cor branca foi reconhecida pela F.C.I. em 1992. Pertence ao Grupo IV – CÃES TERRIERS.

3 – Gigante, a maior de todas, como o seu nome o indica, pois os cães Schnauzers gigantes são, realmente, gigantes. Suas cores podem ser preto ou sal-e-pimenta. Está classificada no Grupo III – CÃES DE GUARDA.

Todas as 3 raças apresentam, praticamente, as mesmas características, exceto o seu tamanho, como verificaremos no presente trabalho.

Essas 3 raças não são cruzadas e, nas exposições, há julgamentos especiais para cada uma delas.

Kelvercrest The Curtain Call. Macho Minischnauzer sal-e-pimenta. Prop. Suzanne Blum. Canil Haus Viking. São Paulo-SP.

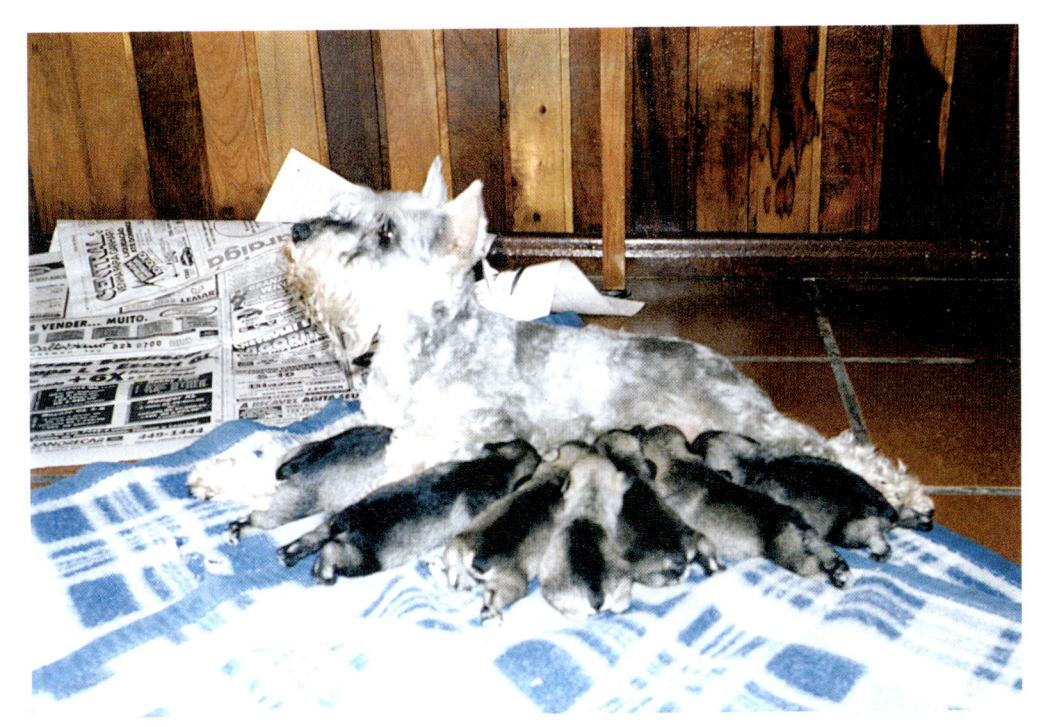

Isis V. Haus-Viking — Fêmea Minischnauzer sal-e-pimenta, com 7 filhotes. Criadora: Suzanne Blum. Canil Haus-Viking. São Paulo - SP.

Ninhada Minischnauzer sal-e-pimenta. Idade: 60 dias. Criadora: Deolinda Teixeira. Canil Don Clars. São Paulo - SP.

Kelvercrest The Curtain Call — Vulgo Curtis. Macho Minischnauzer sal-e-pimenta. CH Brasileiro. Proprietária: Suzanne Blum. Canil Haus-Viking. São Paulo - SP.

Kelvercrest The Curtain Call — Vulgo Curtis. Macho Minischnauzer sal-e-pimenta. Proprietária: Suzanne Blum. Canil Haus-Viking. São Paulo - SP

CAPÍTULO 2

SCHNAUZER STANDARD

O primeiro Schnauzer a ser obtido, foi o **Schnauzer Standard,** um excelente animal, do qual foram obtidos, como verificaremos mais adiante, no presente trabalho, o **Schnauzer Gigante** (Riesenschnauzer) e o **Minischnauzer** ou **Schnauzer anão** (Miniaturschnauzer ou Zwergschnauzer) sobre os quais também trataremos em outros capítulos.

O Schnauzer Standard é um cão limpo, fácil de treinar, não requer tosas regulares e possui, ainda, características físicas interessantes, como sua fisionomia curiosa, alegre e jovial, mas que, às vezes, revela uma certa seriedade, que lhe é transmitida por seus bigodes e sobrancelhas já descritos e que lhe dão um aspecto típico, simpático e bem "pessoal".

É um cão de porte médio, rústico, resistente, forte e mais robusto que delgado. Como a sua altura na cernelha é mais ou menos igual ao comprimento do seu tronco, a sua conformação é quadrada: seu corpo deve caber em um quadrado. As fêmeas, no entanto, são um pouco mais compridas do que os machos. Possui uma formação óssea sólida e uma boa musculatura.

CARÁTER. O Schnauzer é muito inteligente, está sempre atento, é persistente, valente e corajoso, mas possui uma ótima índole, demonstrando, ter muita segurança. Possui uma grande amizade e um grande afeto pelo seu dono, ao qual é muito fiel e dedicado. Gosta de crianças e tem com elas, um ótimo relacionamento. É muito vivo, mas não indócil ou irrequieto. Muito desconfiado com estranhos, mantém-se, sempre alerta e atento a seus movimentos, o que faz, mas discretamente.

Seus órgãos sensoriais são muito desenvolvidos e ele tem bons reflexos. É um cão de guarda e utilidade mas que, por suas qualidades, se transformou em um ótimo cão de companhia sendo, mesmo, considerado como um dos melhores cães de guarda e companhia. A princípio, era muito empregado na caça aos animais selvagens como gatos, ratos, fuinhas, doninhas e gambás.

CARACTERÍSTICAS GERAIS DO SCHNAUZER STANDARD

ALTURA. Na **cernelha**. Ideal: 47 a 50cm para machos e 44,5 a 47cm para fêmeas, sendo que os machos, normalmente, são mais altos do que as fêmeas. Alturas acima ou abaixo desses limites oficiais são considerados defeitos e os cães devem ser penalizados de acordo com a diferença maior ou menor em relação ao padrão da raça. Quando, no entanto, a diferença for de mais de 1,3cm, o animal deve ser desclassificado.

CABEÇA. Forte, alongada, retangular e bem proporcional ao tamanho do cão. Ela vai se afinando no sentido das orelhas para os olhos e depois, até o nariz, terminando em um cone cortado. O comprimento total da cabeça, comparado ao do dorso, ou seja, da cernelha até à inserção da cauda, é de mais ou menos 1:2, ou seja, a metade. O comprimento da cabeça é muito importante e deve ser, sempre, proporcional ao tamanho do cão e de acordo com o seu sexo, pois as fêmeas a tem mais fina e mais delicada do que os machos.
A fronte e a parte superior do focinho ficam em linhas paralelas.
Bochechas. Seus músculos mastigadores são bem desenvolvidos, mas não em excesso, para não prejudicar a forma retangular da cabeça.
Lábios. São bem aderentes, não pendentes e pretos, tanto nos cães pretos quanto nos cinzas ou sal-e-pimenta.
Focinho. Forte, um tanto paralelo e do mesmo comprimento da linha superior do crânio, vai se estreitando, mas não fica fino, e termina em uma cunha ligeiramente rombuda, ou seja, um cone cortado.
Bigodes e barba. Compridos e de pêlo de arame, acentuam o formato retangular da cabeça.
Maxilares. Devem ter os músculos desenvolvidos. São fortes mas não excessivamente, para evitar deformações.
Defeitos. Prognatismo superior ou inferior. Mordedura em torquês é indesejável.
Dentes. São normais, fortes e brancos. A mordedura deve ser em tesoura. Mordedura em torquês é indesejável.
Crânio. Vai do occipital ao stop. É plano, achatado, nem arredondado nem saltado. Ligeiramente mais largo entre as orelhas. A sua largura não deve ser superior a 2/3 do seu comprimento.

Stop ou **depressão naso frontal**. É ligeira, mas acentuada pelas sobrancelhas, entre as quais ela é visível.
Nariz. Preto, grande e cheio.
Orelhas. Pequenas, de implantação alta, rentes à cabeça, de grossura média e base em forma de "V". Quando são cortadas, elas ficam erectas. O corte deve ser feito "em ponta", quando o filhote estiver com 50 a 90 dias de idade.
Olhos. Devem ser de tamanho médio, dirigidos bem para a frente, marrom escuros e ovais, mas não redondos e nem salientes. As pálpebras inferiores devem ficar bem aderentes, não deixando que a conjuntiva fique visível. Embora as arcadas superciliares sejam arqueadas e tenham textura de arame, a visão não é prejudicada, nem os olhos escondidos pelas sobrancelhas que são muito compridas.
Pescoço. Não muito curto. Possui uma curva na nunca, formando um verdadeiro arco. Sua base é forte e harmoniosa. A sua pele deve ser firme, aderente, sem rugas e sem barbela, ficando o cão com um pescoço relativamente fino e elegante.

TRONCO. É de largura média, forte, compacto, curto, com as costelas chatas e arqueadas e com o tórax descendo abaixo dos cotovelos. O esterno deve avançar para a frente, dando ao peito a conformação desejada. A altura da cernelha é mais ou menos igual ao comprimento total do tronco, ficando o animal "quadrado". O seu **dorso** é forte, firme, curto, sólido e reto, com a linha superior inclinando-se, ligeiramente, da cernelha até à inserção da cauda. Possui um **lombo** largo, bem desenvolvido. A **garupa** é um tanto arredondada. A linha inferior do tórax sobe ligeiramente para trás, ficando o ventre um pouco encolhido, mas sem o animal ficar "desbarrigado", o que seria um defeito.
Defeitos. Cães com membros muito curtos ou muito compridos; leves ou em forma de lebrel, esguios, grosseiros ou corpulentos.
Cauda. É de inserção alta, erecta e deve ser amputada na 3ª vértebra, devendo ter de 3 a 5cm de comprimento quando o cão é adulto. Os filhotes que nascem sem a cauda devem ter, no mínimo, uma vértebra caudal visível (braquiúro). A amputação da cauda pode ser feita do 1º ao 5º dia de vida do filhote.
Defeito. Cauda de esquilo.

MEMBROS
Anteriores. Possuem a musculatura forte mas plana ou não volumosa. As omoplatas são oblíquas e se articulam com o úmero, que é o osso do braço e com o qual forma um ângulo. Os **ombros** são pouco angulados, ficando sua extremidade superior arredondada, quase em linha vertical, acima dos cotove-

los. As **pernas** são verticais, retas, não apresentando nenhuma curvatura, de qualquer um dos lados em que for observada. Elas devem ser pouco separadas. Possuem ossos resistentes e pesados. Os **cotovelos** ficam rente ao corpo e apontando bem para trás.
Posteriores. Possuem **coxas** bem oblíquas, largas e musculosas e os **joelhos** bem angulados. Quando vistas por trás, as pernas são paralelas uma à outra. Da articulação dos jarretes até aos pés, as pernas são curtas e ficam na posição vertical.
Pés. São redondos, curtos, pequenos, compactos e com os dedos encurvados, bem juntos e com as almofadas plantares fortes e duras, sendo esse tipo denominado "pé de gato".
Ergot, esporão ou **quinto dedo.** Os ergots das pernas dianteiras podem ser amputados, de acordo com o desejo do criador, enquanto que os das pernas traseiras, o são, normalmente, por exigência dos padrões das raças.

A parte traseira do corpo do cão deve estar em harmonia com a sua parte dianteira, sendo bastante musculosa e deve ser mais baixa do que a sua parte dianteira.

PELAGEM E PÊLOS

O Schnauzer é um cão de pelagem cerrada.

Seus pêlos devem ser duros ou "pêlo de arame", espessos, fortes, ásperos, levantados e nunca lisos, muito curtos ou "colados" ao corpo do animal. Seu subpêlo é macio e aderente. O nome Schnauzer vem, justamente, da sua principal características, ou seja, os pêlos duros, ásperos e longos que aparecem na sua cara, formando o "bigode" a barba e as sobrancelhas que parecem de espinhos e são salientes, quase escondendo os seus olhos. É nas suas orelhas e na sua fronte que são encontrados os pêlos mais curtos do seu corpo. Além disso, todos os pêlos da sua cabeça são duros.

O Schanauzer parece ter os pêlos levantados, porque eles são sustentados pelos subpêlos. Seus pêlos não aparentam ser curtos, baixos ou aderentes.

O que mais chama a atenção em um Schnauzer, são os pêlos da sua cabeça, que formam um verdadeiro bigode e a sua barba duros e compridos, de pêlos duros e ásperos e as sobrancelhas longas, duras, que até parecem formadas de espinhos.

Seus pêlos devem ser escovados várias vezes por semana, de preferência todos os dias. Eles devem ser, também, tosados 3 a 4 vezes por ano, na parte superior, mas sendo deixados longos, na barba, no bigode, nas sobrancelhas e nas pernas.

Defeitos. Pêlo sedoso, macio, frisado, crespo, ondulado ou muito longo. Pelagem macia, lisa, lanosa, cacheada, ondulada, muito rala ou com pouco pêlo, muito longa ou muito curta.

CORES

O Schnauzer Standard pode ser preto puro ou então sal-e-pimenta, cuja cor é formada por pêlos pretos e pêlos brancos ou de pêlos brancos misturados com pêlos pretos.

O melhor é uma tonalidade média distribuída uniformemente por todo o corpo, com uma coloração conhecida por "pigmentadura" e subpêlo cinza. Todas as tonalidades cinzas, desde o cinza ferro escuro, ao cinza prateado, são admitidas no Schnauzer. Ele deve ter, no entanto, a sua expressão tão característica, ou seja, a sua máscara facial escura, em harmonia com as cores da sua pelagem.

Ideal: subpêlo cinza, mas são aceitos subpêlos castanhos ou canela, que não devem ser penalizados.

Também nos sal-e-pimenta, a cor pode descorar para cinza claro ou branco prateado nas sobrancelhas, faces, barba, sob a garganta, através do peito, sob a cauda, na pelagem das pernas, sob o corpo e no lado de dentro das pernas.

Preto. Deve ser uma cor pura, livre de descoloração ou de qualquer mistura de pêlos cinza ou canela. O **subpêlo**, também, deve ser preto sólido.

A idade e o Sol podem fazer com que a cor fique um tanto descorada ou queimada.

Uma pequena mancha no peito e a perda de cor causada por cicatrizes ou mordidas, não são consideradas defeitos.

Defeitos: qualquer cor além das especificadas e qualquer tonalidade na pelagem externa ou manto, tais como ausência de pimenta; marrom, ferrugem vermelha; canela ou amarelo; faixa preta no dorso; manto preto sem a coloração sal-e-pimenta típica; tigrados ou malhados; presença de pêlos cinzas em um cão preto; subpêlo de qualquer cor que não seja a preta.

Faltas: cores sujas ou apagadas; falta de pigmentadura; ausência de marcas brancas, ausência de máscara; mistura de cores, entre as quais ferrugem, castanho, vermelho-amarelo; tigraduras; manchas em geral; estria preta no dorso.

MARCHA OU ANDAR

Deve ser firme, com passos bem ritmados e amplos, com um bom alcance. Quando no trote, há uma boa articulação e sincronia entre as patas ou pernas dianteiras e traseiras, que devem se movimentar sempre em linha reta, o que evita que se cruzem ou até mesmo que o cão tropece. O corpo do cão deve se manter sempre aprumado durante o passo, o trote ou o galope.

Defeitos: pernas se movimentando para dentro ou para fora; ação traseira limitada; pés e pernas se cruzando; remar; mancar, etc.

DEFEITOS. Qualquer desvio do Padrão da Raça é considerado defeito, variando sua extensão, bem como a sua penalização.

DESQUALIFICAÇÕES. Cães agressivos; machos com menos de 46 ou mais de 60cm de altura e fêmeas com menos de 43 ou mais de 48cm de altura na cernelha.

ESQUELETO DO CÃO

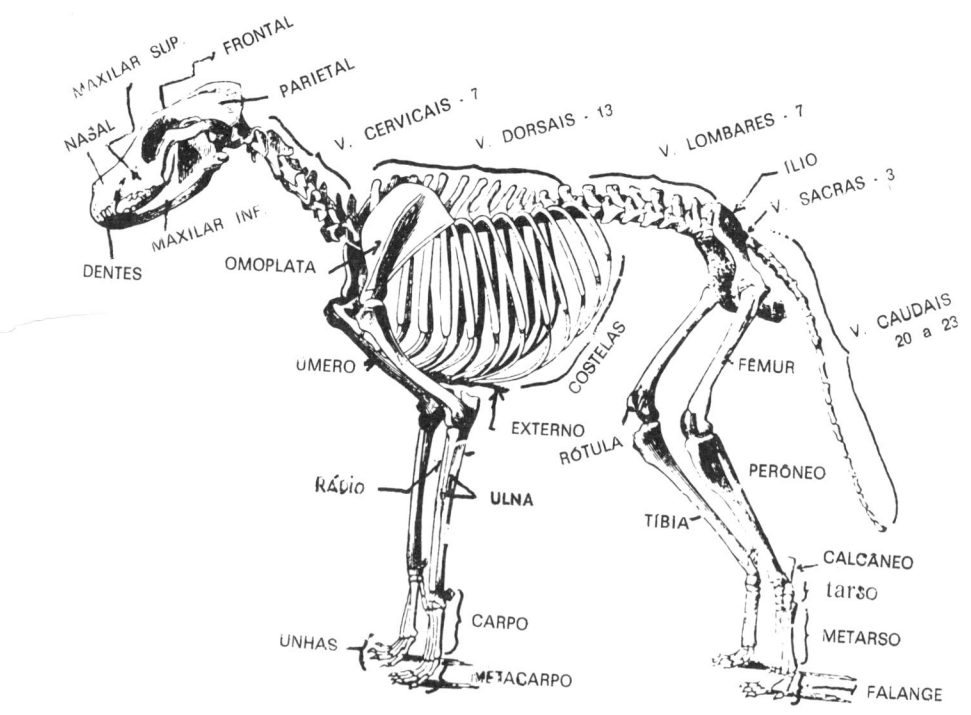

CAPÍTULO 3

SCHNAUZER GIGANTE OU RIESENSCHNAUZER

ORIGEM

Seu país de origem é a Alemanha. Ele descente do Schnauzer Standard e, segundo alguns Autores, com a introdução de sangue Alano Negro e das raças Bouvier de Flandres, Dobermann, Dogue Alemão e Rottweiler.

A formação do Riesenschnauzer ou Schnauzer Gigante ocorreu na Bavária, uma região da Alemanha, e o seu objetivo era obter um cão boiadeiro rústico, forte e resistente, o que foi conseguido, pois ele surgiu como um ótimo cão pastor e guarda de rebanho que, a princípio, em 1700, ficou muito conhecido e empregado como cão de guarda dos açougueiros e das cervejarias da região. Mais tarde, passou a ser utilizado na polícia e no exército, inclusive durante a 1ª grande guerra mundial, de 1914 a 1918. Somente depois dessa guerra é que o Schnauzer chegou aos Estados Unidos da América do Norte.

Atualmente, no entanto, ele é um dos mais procurados como cão de guarda e companhia, sendo uma das raças mais úteis.

Ele deve ser, praticamente, uma cópia do Schnauzer Standard, do qual se originou, porém, mais forte, em maior tamanho, pois as suas características são as mesmas, embora adaptadas ao seu maior porte.

É um cão inteligente, bastante calmo, equilibrado, firme, vivo, seguro, corajoso, de personalidade, brincalhão, muito leal a seu dono e à sua família, afetuoso, sempre vigilante e de fácil adestramento.

Seu tamanho, seu corpo bem feito, forte e musculoso, sua densa pelagem de pêlos de arame e as suas características faciais, lhe dão uma grande personalidade e até o tornam imponente, o que faz com que seja respeitado. Pode ser considerado um Schnauzer Standard maior e mais forte. Seus passos são firmes e largos, vencendo o terreno com rapidez. As suas caracterís-

Laika v. Didot. Fêmea Schnauzer Gigante. Cor: Preta. Prop. Cristine T. S. Bwee. Canil Casa do Barão. Mogi das Cruzes-SP.

Conan dos Lírios. Macho Schnauzer Gigante. Cor: preta. Prop. Cristine T. S. Bwee. Canil Casa do Barão. Mogi das Cruzes-SP.

ticas mencionadas fazem dele um dos cães de trabalho mais fortes, resistentes e úteis, sendo considerado um dos melhores em sua categoria.

Apresentamos, a seguir, as características do Schnauzer Gigante, de acordo com o PADRÃO OFICIAL DA RAÇA.

ALTURA. Na cernelha: 65 a 70cm para machos e 60 a 65cm para fêmeas.

Cães maiores, além de fugirem aos padrões da raça, teriam o seu desempenho prejudicado, o mesmo ocorrendo com os menores, cujo tamanho, abaixo do exigido, é considerado um defeito grave porque, inclusive, deixam de ser "gigantes". Além do tamanho, devemos levar em consideração outros fatores como temperamento, o seu tipo, a sua estrutura e a sua conformação.
Defeitos. Qualquer desvio deve ser penalizado, de acordo com a sua extensão ou gravidade. Os Schnauzers Gigantes agressivos ou tímidos devem ser eliminados de competições, estando no primeiro caso, os que tentam atacar ou atacam, mesmo, o Juiz ou Handler. Não é considerada agressividade, o cão atacar outro cão. Quanto à timidez, o cão é considerado tímido quando, em um julgamento, não deixa o Juiz examiná-lo e tenta dele se afastar ou, normalmente, fica com medo de ruídos ou barulhos súbitos, fortes ou desconhecidos para ele ou também, por aproximações que venham por trás dele, antes que as identifique.

CABEÇA. É retangular, alongada, forte e seu tamanho está relacionado ao porte do cão e ao seu sexo, pois a cabeça das fêmeas é menor e mais fina, relativamente, do que a dos machos. A linha superior da cabeça possui uma depressão naso-frontal denominada **stop**, que fica bem acentuada pelas sobrancelhas. A linha superior da cabeça é paralela à linha superior do focinho. O seu comprimento total é de cerca da metade do comprimento do dorso à inserção da cauda.
Maxilares. Possuem musculatura bem desenvolvida.
Defeitos. Prognatismo superior ou inferior.
Crânio. Sua linha superior é plana. Ele é ligeiramente mais largo entre as orelhas. Vai do stop até ao occipital, que não é muito proeminente.
Pele. Sem rugas.
Faces. São planas, com músculos mastigadores bem desenvolvidos. Não há saliências que prejudiquem a forma retangular da cabeça, incluída a barba.
Focinho. Deve ser forte, amplo, terminando em cone truncado. Sua linha é paralela e do mesmo tamanho que a linha superior do crânio.
Nariz. É preto, esponjoso, cheio e grande.
Lábios. Pretos, secos, bem aderentes e não pendentes.

Skansen's Bruno. Schnauzer Gigante preto. Com um cão desses solto, quem se atreve a entrar nessa casa? Só com autorização... Prop. Cristine T. S. Bwee. Canil Casa do Barão. Mogi das Cruzes-SP.

Skansen's Bruno. Schnauzer Gigante importado dos Estados Unidos. Cor: preta. Idade: 7 meses. Prop. Cristine T. S. Bwee. Canil Casa do Barão. Mogi das Cruzes-SP.

Dentes. São fortes, bem encaixados, formando uma boa dentadura. Sua mordida é em tesoura. Dentição: 6/6 incisivos; 2/2 caninos; 8/8 pré-molares e 4/6 molares.
Defeitos: prognatismo superior ou inferior.
Olhos. São de tamanho médio, dirigidos para a frente, marrom escuros e ovais. Suas pálpebras são aderentes. As sobrancelhas compridas não atrapalham a sua visão nem escondem os seus olhos.
Defeito: conjuntiva visível.
Orelhas. São de inserção alta e devem ser operadas "em ponta". Quando não cortadas, elas são em "V", de tamanho médio, de inserção alta e mantidas rente à cabeça.
Pescoço. É forte, com uma curvatura elegante. Ligado firmemente, à cabeça e ao tronco, é de comprimento médio e a pele da sua região inferior não deve ter pregas, mas deve ser aderente à garganta, tornando-o fino.

MEMBROS
Anteriores. Suas omoplatas devem possuir músculos chatos e fortes e ficar bem inclinadas em posição oblíqua à do braço. Formam um ângulo com o úmero, com o qual se articulam. As pernas são retas, verticais, devem ter uma boa ossatura e ser bem aprumadas. Os cotovelos ficam próximos ao corpo e apontam para trás.
Defeitos. Membros muito juntos ou muito separados.
Pés. São redondos, bem arqueados, conhecidos por "pés de gato", cujos dedos são muito juntos, com solas duras e muito resistentes na região plantar. Suas unhas são escuras e duras. Possui pêlos curtos, do mesmo tipo que possuem os outros Schnauzers.
Posteriores. Devem ser bem fortes, musculosos e bem angulados, tendo as **coxas** oblíquas. Deve haver uma boa angulação nos joelhos. As pernas são curtas dos tarsos aos pés e quando o cão está parado, normalmente, eles ficam perpendiculares ao chão. Vistas por trás, as coxas são paralelas.
Defeitos. Membros fracos e pouca musculatura.
Ergots. Os das pernas traseiras devem ser amputados, enquanto que os das dianteiras podem ou não ser retirados.

TRONCO
Tórax. É ovalado e muito desenvolvido, mesmo para um Gigante. Suas costelas são chatas e bem arqueadas, proporcionando-lhe uma boa capacidade respiratória.
Defeitos: caixa torácica arredondada, em forma de barril.

A parte mais elevada do esterno fica a nível superior ao da articulação do ombro, que é plano e um pouco inclinado. O peito é de tamanho médio, nem largo nem estreito e desce, no mínimo, até aos cotovelos. O seu ventre é pouco contraído. A linha dorsal é ligeiramente curva. O comprimento do corpo é mais ou menos igual à altura da cernelha.

Dorso. É forte, reto, curto e firme.

Garupa. É cheia e um tanto arredondada.

Cauda. É de inserção relativamente alta e não muito comprida, sendo normalmente, amputada na 2ª ou na 3ª vértebra, ou seja, com 4 a 8cm de comprimento, quando o cão fica adulto.

Pelagem. Seu pêlo é duro, áspero, tipo arame, cerdoso, denso e com o subpêlo lanoso e macio. Os pêlos do bigode, da barba e das sobrancelhas, também duros e muito compridos, são uma das principais características dessa raça. O pêlo da cabeça é áspero.

CORES. O Schnauzer Gigante pode ser preto sólido ou puro, ou então sal-e-pimenta. No preto puro, é permitida uma pequena mancha branca no peito. Sal-e-pimenta é o resultado da mistura do preto com o branco ou do branco com o preto e com alguns pêlos brancos e pretos, dando ao cão uma cor cinza. A cor ideal é cinza média com a sal-e-pimenta bem distribuída e com o subpêlo cinza. São aceitos todos os tons sal-e-pimenta, desde o cinza chumbo escuro ao cinza prateado.

Todos os tons de pelagem, no entanto, devem apresentar a máscara facial escura, para acentuar a expressão do animal e que combina com o tom da pelagem. Bigodes, barba, bochechas, garganta, peito, pernas e a região da cauda apresentam cor mais clara, mas com a sal-e-pimenta.

MARCHA OU ANDAR. O Schnauzer é um cão trotador, porque a sua movimentação, pela qual é julgado, é o trote que, nele, é firme, desembaraçado e bem balanceado. Suas pernas dianteiras têm um bom alcance e as traseiras, uma propulsão bastante forte. As suas quatro pernas se movimentam diretamente para a frente, não havendo desvios para fora ou para dentro. O seu dorso se mantém plano e firme.

CAPÍTULO 4

MINISCHNAUZER, MINIATURA SCHNAUZER OU ZWERGSCHNAUZER (SCHNAUZER ANÃO)

ORIGEM E CARACTERÍSTICAS

Dos Schnauzers, é o mais criado em todo o mundo porque, entre outras qualidades, ele é dócil e muito meigo, não só com o dono e conhecidos, mas também com estranhos.

O Minischnauzer apresenta as mesmas características do animal que lhe deu origem, ou seja, do Schnauzer Standard como, p. ex., temperamento, conformação, obediência, simpatia, energia, resistência, pelagem, atividade, capacidade de ser adestrado com facilidade, mania de ladrar, etc.

Podemos dizer que o Minischnauzer é, mesmo, mais um pequeno cão do que uma miniatura, no sentido em que esta palavra é empregada, normalmente, para um "Toy" sendo, mesmo, considerado defeito, quando ele tem essa aparência de Toy, é esgalgado ou abrutalhado.

Como os Schnauzers Standard e Gigante, também o Minischnauzer foi obtido na Alemanha, onde é conhecido como Zwergschnauzer ou Schnauzer Anão, sendo que os primeiros Minischnauzers apareceram em Swabia, considerada a mais importante área de criação. O 1º campeão Minischnauzer foi Jocc-Firlda, apresentada em uma Exposição, em 1899.

O Minischnauzer descende do antigo Terrier, no qual foram introduzidos os sangues Pinscher, Spitz, Poodle e, para que ele ficasse menor, o Affenpinscher primitivo, que era preto, de orelhas eretas e "cara de macaco".

Todos os Minischnauzers que existem, atualmente, descendem de 3 ancestrais: Peter v Westerber (1902), criado em Munique; Trinz v Rheinstein (1903), em Frankfurt e Lord (1904) criado por George Reihl, todos eles ótimos reprodutores.

O 1º Minischnauzer chegou aos Estados Unidos em 1923 e foi apresentado em exposições. Seu reconhecimento pelo American Kennel Club, no entanto, só ocorreu em 1926 e a 1ª Exposição Especializada se realizou em 1927, sendo nela apresentados 27 cães Minischnauzers.

Embora já houvesse um Club de Schnauzers, nos Estados Unidos, somente em 1933 foi fundado um Club Especial de Minischnauzers.

Sua aparência é elegante e até aristocrática sendo, por isso, uma raça muito interessante, atraente e que chama a atenção de todos. Ele conserva todas as características do Schnauzer Standard, do qual se originou, diretamente, ou seja, o seu temperamento, a sua personalidade, etc, dele se diferenciando pelo seu comportamento e pelo seu tamanho ou porte.

Possui muitas qualidades e uma personalidade marcante. É muito inteligente, alegre, brincalhão, simpático, afetuoso, obediente, forte, enérgico, rústico, ativo, um bom guarda e muito fácil de ser treinado. Ladra muito, por prazer.

Gosta muito de crianças, com as quais mantém uma boa camaradagem. Além disso, ele se adapta muito bem aos costumes da casa em que vive e se integra aos hábitos ou costumes do dono e de todos os que o rodeiam.

Além das qualidades que os outros Schnauzers possuem, é um cão de trabalho e pode ser um bom cão de guarda, porque é valente e corajoso. Embora possa não intimidar as pessoas, devido à sua aparência ou não tenha um ataque poderoso, tem uma grande capacidade para dar o alarme sendo, mesmo, dos 3 Schnauzers, o que mais late, embora se cale, quando é mandado.

É, também, um caçador de pequenos animais, além de ratos, camundongos, etc.

Nos Estados Unidos ele é, mesmo, classificado como um Terrier.

Devido às suas ótimas qualidades, inclusive não ter cheiro forte, não soltar muito pêlo e comer pouco, aliadas ao seu pequeno tamanho, é fácil de cuidar e gosta da companhia das pessoas. É um dos cães preferidos como animal de estimação e companhia, principalmente em apartamentos, aos quais se adapta e nos quais vive muito bem.

É muito apegado e fiel ao dono, chegando até a ser ciumento, principalmente quando ele agrada outro cão. Gosta muito de andar de carro, e o seu pequeno tamanho e o seu bom comportamento dentro dele, facilitam, bastante, os passeios. Além disso, é um cão que está sempre alegre e disposto a acompanhar o seu dono para toda parte, em passeios ou exercícios. Ele é, também, um ótimo companheiro para longas caminhadas, acompanhando o dono, por horas, quando este anda a pé, de bicicleta ou a cavalo e, por isso, também se adapta muito bem à vida no campo. Ele gosta muito de brincar, de saltar e de nadar.

O Minischnauzer apresenta, ainda, uma grande vantagem, que é a de acostumar-se a viver com outros animais, não somente cães, mas também gatos, coelhos, aves e outros animais de granja e de fazendas, etc.

É muito resistente, tanto ao calor quanto ao frio, adaptando-se com facilidade, aos diversos climas.

Aprende com muita facilidade e rapidez, porque está sempre, prestando muita atenção a tudo e a todos, dando alarme se notar qualquer pessoa ou movimentação estranha.

É um bom companheiro, sempre disposto a agradar, embora não fique, como outros animais ou mesmo outros cães, sempre grudado no seu dono e nele se esfregando.

Possui um instinto protetor muito apurado, estando sempre atento a tudo o que ocorre a seu redor e, como os outros Schnauzers maiores, possui temperamento de guarda, vigia e de caçador. Apesar disso, é considerado um cão de apartamento. Ele, no entanto, não gosta somente do seu dono, mas da sua família inteira, adaptando-se à casa em que vive. A maioria dos Minischnauzers vive dentro da casa, embora ele possa ser mantido fora dela. Deve, no entanto, em qualquer dos casos, ter o seu "cantinho", um lugar em que ele possa ter privacidade e no qual possa descansar, como em um quarto ou outra dependência da casa, mas tendo o seu ninho ou a sua cama, que pode ser até adquirida em um Pet Shop.

Defeitos: agressividade ou timidez.

O Minischnauzer tem uma inclinação a comer demais, a ser um verdadeiro comilão, o que deve ser combatido, para evitar que ele engorde muito e tenha problemas de saúde ou até de obesidade.

HIGIENE

A higiene não é importante somente sob o aspecto sanitário, para manter a saúde do cão, mas também fundamental para deixar o Minischnauzer com uma boa aparência, embora ele não precise tomar banhos com muita freqüência, porque é um cão que não se suja muito. Ele só deve tomar banho quando estiver sujo e, no máximo, 1 vez por semana.

Sua barba e seus bigodes devem ser limpos com um pano úmido e o melhor é lhe dar ração seca, para que ele não os suje.

Para mantê-lo limpo, devemos passar nele um pano molhado em uma solução de água e álcool, em partes iguais, ou então uma outra solução composta de 2 colheres de sopa, de vinagre, para cada litro de água, o que o deixa limpo e com os pêlos brilhantes.

O Minischnauzer deve ser penteado 2 vezes por semana. Suas sobrancelhas, peito e patas necessitam ser aparadas periodicamente.

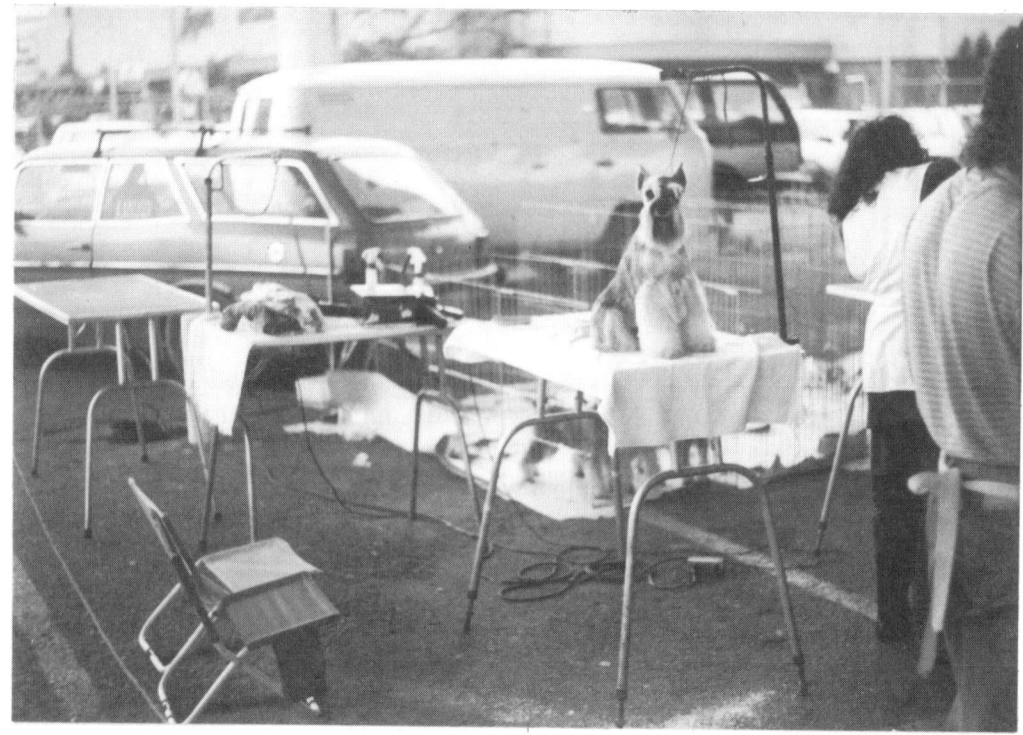

Zoogbi Macho Minischnauzer sal-e-pimenta, preparando-se para entrar na pista, em uma exposição especializada canina. Prop. Deolinda Teixeira. Canil Don Clar's. São Paulo-SP.

Zoogbi. Macho Minischnauzer sal-e-pimenta. Criadora: Deolinda Teixeira. Canil Don Clar's. São Paulo-SP.

Ch. Gr. Ch. Pretty v. Flaro's.
Fêmea Schnauzer Gigante.
Cor: preta.
Prop. Cristine T.S. Bwee.
Canil Casa do Barão.
Mogi das Cruzes - SP.

Skansen's Bruno.
Macho Schnauzer Gigante.
Cor: preta.
Idade: 7 meses.
Importado dos Estados Unidos.
Prop. Cristine T. S. Bwee.
Canil Casa do Barão.
Mogi das Cruzes - SP.

Zoogbi. Macho Minischnauzer sal-e-pimenta. Criadora: Deolinda Teixeira. Canil Don Clar's. São Paulo - SP.

Brida. Fêmea Minischnauzer sal-e-pimenta, cinza prateada. Prop. Deolinda Teixeira. Canil Don Clar's. São Paulo - SP.

Quando é apresentado em exposições, o Minischnauzer faz sucesso, por sua aparência e qualidades como resistência, força, habilidades, etc. Para que nelas se apresente, ele deve ser preparado, fazendo o stripping, sendo para isso empregada uma faca especial, com a qual é arrancado o seu pêlo, para que ele fique duro, pois a tosa com a tesoura, o faz ficar mole.

CORES. As reconhecidas para o Minischnauzer são: sal-e-pimenta; preto sólido, preto-e-prata e a branca, sendo que a típica é a sal-e-pimenta com sombreado cinza, sendo permitido o sombreado tan.

AMPUTAÇÃO DA CAUDA

É uma operação realizada normalmente, exceto em alguns países. Ela deve ser feita no 4º dia de vida do filhote e parece que ele não sente nem a cirurgia e nem, depois, a falta da cauda. Devemos assinalar que essa intervenção é muito simples e que pode ser feita com uma tesoura ou um bisturi.

CORTE DE ORELHAS

Seu objetivo é fazer o Minischnauzer ficar com as orelhas em pé e menores, o que lhe dá, realmente, um aspecto mais elegante. Essa operação, embora relativamente fácil, deve ser realizada quando o filhote está com 8 semanas de idade e por um médico veterinário.

TREINAMENTO OU EXERCÍCIO DO MINISCHNAUZER

Quando do surgimento da raça e durante muito tempo, o Minischnauzer era empregado em estábulos, cocheiras e currais, para vigiar o gado e nos terreiros, quintais, casas, galpões, etc., para combater, principalmente os ratos de todos os tamanhos e espécies, desde camundongos até às ratazanas, além de outros pequenos animais como gambás, p. ex..

Atualmente, no entanto, o Minischnauzer já se transformou em animal de estimação e companhia, sendo mantido em casas e apartamentos protegendo, não só o seu lar, mas também os quintais, terreiros, cercados e jardins, espantando gatos e dando alarme da presença de estranhos.

O treinamento do Minischnauzer é muito importante e, de um modo geral, segue a mesma orientação do realizado para outros cães de, praticamente, todas as raças.

Devido, no entanto, a determinadas características do Minischnauzer, principalmente o seu tamanho e a sua delicadeza, devemos tomar, ainda, maiores cuidados no seu treinamento. Entre eles, podemos destacar: 1 – escolher, bem, uma coleira que se adapte ao seu pescoço e uma boa guia para prender na coleira, para que elas não o incomodem, machuquem e até o possam ferir; 2 – não dar puxões ou arrancos fortes ou rápidos na guia, porque isso não é necessário, exceto em casos excepcionais e porque pode machucar o pescoço do animal, traumatizá-lo e até feri-lo, conforme a brutalidade do ato. Além disso, podemos ter certeza de que, com delicadeza, embora com firmeza, os resultados obtidos são muito melhores do que com impaciência e brutalidade.

Um treinamento bem feito é muito importante porque facilita, e muito, a vida do cão que, obediente e bem treinado, terá uma convivência mais feliz pela sua maior integração com os homens.

Quando um Minischnauzer vive, mesmo solto, em uma casa ou, principalmente, em um apartamento, deve ser levado, todos os dias, não só para fazer as suas necessidades, mas para fazer uma boa caminhada, o que é um bom exercício, muito importante para ele se manter saudável.

CARACTERÍSTICAS

Apresentamos, a seguir, as características do Minischnauzer, de acordo com os padrões oficiais da raça.

ALTURA. 30,5cm a 36cm na cernelha, para machos e fêmeas. Ideal: 34cm. Existem, no entanto, Minischnauzers mais baixos.
Desqualificação: menos de 30,5cm ou mais de 35,5cm, para machos e fêmeas.

CABEÇA. É retangular, comprida, forte e sem saliências nas bochechas, afinando um pouco das orelhas para os olhos e deles, para a ponta do nariz. A linha superior do crânio é plana e paralela à linha nasal, que possui o stop. Não há rugas na testa.

Defeitos: cabeça grosseira ou apresentando bochechas.
Focinho: forte, terminando ligeiramente rombudo. Apresenta barba e bigodes de pêlos longos e duros, ou seja, a característica que mais chama a atenção nos Schnauzers.
Nariz: cheio e bem desenvolvido.
Dentes: fortes, normais e com mordedura em tesoura. Possui os mesmos dentes que o Schnauzer Standard.
Defeitos: prognatismo superior ou inferior.
Stop ou depressão naso-frontal: médio.
Crânio: achatado e como nos outros Schnauzers, sua linha é paralela à da linha superior do seu focinho.
Defeito: qualquer desvio de conformação.
Sobrancelhas. São longas e eriçadas.
Olhos. De expressão inteligente, devem ser penetrantes. São marrom escuros, ovalados, pequenos e profundos. Possuem sobrancelhas compridas e com cerdas duras e abundantes, o que lhes dá um certo sombreado.
Defeitos: olhos "saltados" ou salientes, ligeiramente grandes ou claros.
Orelhas. São de inserção alta e moveis, dando ao cão uma expressão inteligente. O seu corte não é obrigatório mas, sendo feito, elas devem ser cortadas em ponta, quando o cão está com 2,5 a 3 meses de idade pois, nessa época, as orelhas tendem a se levantar mais rapidamente e porque, depois desse período, há o perigo de elas ficarem caídas. Quando não cortadas, elas são pequenas, ficam dobradas rente ao crânio e têm a forma de "V". Quanto aos **ouvidos**, os Schnauzers possuem uma ótima audição.
Pescoço. É bem arqueado, forte, comprido elegante e para cima. Sua pele é firme, inclusive na garganta.
Defeitos: muito curto; muito grosso; em posição horizontal e a existência de barbela.

TRONCO. Seu comprimento é mais ou menos igual à altura do cão, na cernelha. O Minischnauzer possui o corpo curto e compacto, distribuído harmoniosamente.
Tórax. De bom desenvolvimento, possui as costelas chatas e bem arqueadas, e chega abaixo dos cotovelos do cão, dando um bom desenvolvimento ao seu peito.
Dorso. É reto e ligeiramente inclinado no sentido da cauda. Região renal forte, cheia e a garupa um pouco arredondada.
Ventre. Um tanto encolhido, mas não em excesso.

Cauda. Ela é de inserção alta e ereta. Deve ser amputada na 3ª vértebra, para que fique bem visível acima do pêlo do cão.
Defeito: cauda de inserção baixa.
Defeitos. Peito muito largo ou muito estreito. Dorso selado ou carpeado.

MEMBROS
Anteriores. A **cernelha** é alta. Os **ombros** devem ser oblíquos e os **cotovelos** na posição correta, junto ao corpo. As **pernas** devem ser paralelas, quando vistas de qualquer lado. Seus metacarpos devem ser perpendiculares, fortes, e com uma boa ossatura.
Defeitos: cotovelos soltos.
Posteriores. Bem fortes e musculosos. As **coxas** são musculosas, têm uma boa angulação nos joelhos e são retas dos jarretes ao calcanhar, o que permite passos largos e firmes. Quando o cão fica parado, os jarretes se projetam além da cauda. A traseira do cão deve ser, sempre, mais baixa do que os seus ombros, na cernelha.
Defeitos: jarretes de vaca ou traseira arqueada.
Pés. Devem ser preferidos os "pés de gato", que são curtos, redondos, com dedos arqueados e bem juntos, com almofadas plantares fortes, grossas e pretas.
Pelagem. Pêlo. Deve ser áspero e bem duro, inclusive no crânio e nos membros do animal. O subpêlo é macio.
Defeitos. Pelagem macia, uniforme e brilhante.

CORES. Devem ser sal-e-pimenta, preto sólido, branca ou preto e prata, predominando o preto e com branco, acima dos olhos, no pescoço, peito, bochechas, patas e pernas. A cor típica, no entanto, é a sal-e-pimenta e as tonalidades de cinza. São admitidas as tonalidades de canela.

A cor sal-e-pimenta vai passando, gradualmente, a cinza claro ou branco prateado na barba, nos bigodes, nas bochechas, nas sobrancelhas, debaixo da garganta, no peito, na região embaixo da cauda, nas guarnições das pernas, na parte de baixo do corpo e na parte de dentro das pernas. O pêlo claro da parte de baixo do corpo não deve ficar mais alto nos lados do corpo do que nos cotovelos das pernas dianteiras.

Os cães pretos e prateados obedecem o mesmo padrão dos sal-e-pimenta, sendo que toda a parte sal-e-pimenta deve ser preta.

A única cor sólida permitida é preto sólido, que não deve ter pêlos cinzas e tons marrons, com exceção da barba, que pode ter pêlos descorados. É permitida uma pequena mancha no peito.
Desqualificação: cores sólidas ou partes brancas no corpo.

ANDAR OU MARCHA. O Minischnauzer é um bom trotador. O trote é o seu andar oficial, pelo qual é julgado nos concursos. Possui um andar firme. As pernas dianteiras e traseiras, quando o cão em marcha, se movem no mesmo ritmo e no mesmo plano. As dianteiras mantêm os cotovelos junto ao corpo e se movem para a frente, não ficando nem muito juntas nem muito separadas. **Defeitos.** Trilha única ou passo de camelo; movimento de remo em frente; alta ação hakney nos campos; ação traseira fraca.

Outras características dos Minischnauzers podem ser deduzidas, nas devidas proporções, do padrão do Schnauzer Standard.

TEMPO DE VIDA. O Minischnauzer vive, em média, 10 a 14 anos.

Natacha e **Brida**. Fêmeas Minischnauzers. Cor: sal-e-pimenta. Criadora: Deolinda Teixeira. Canil Don Clar's. São Paulo-SP.

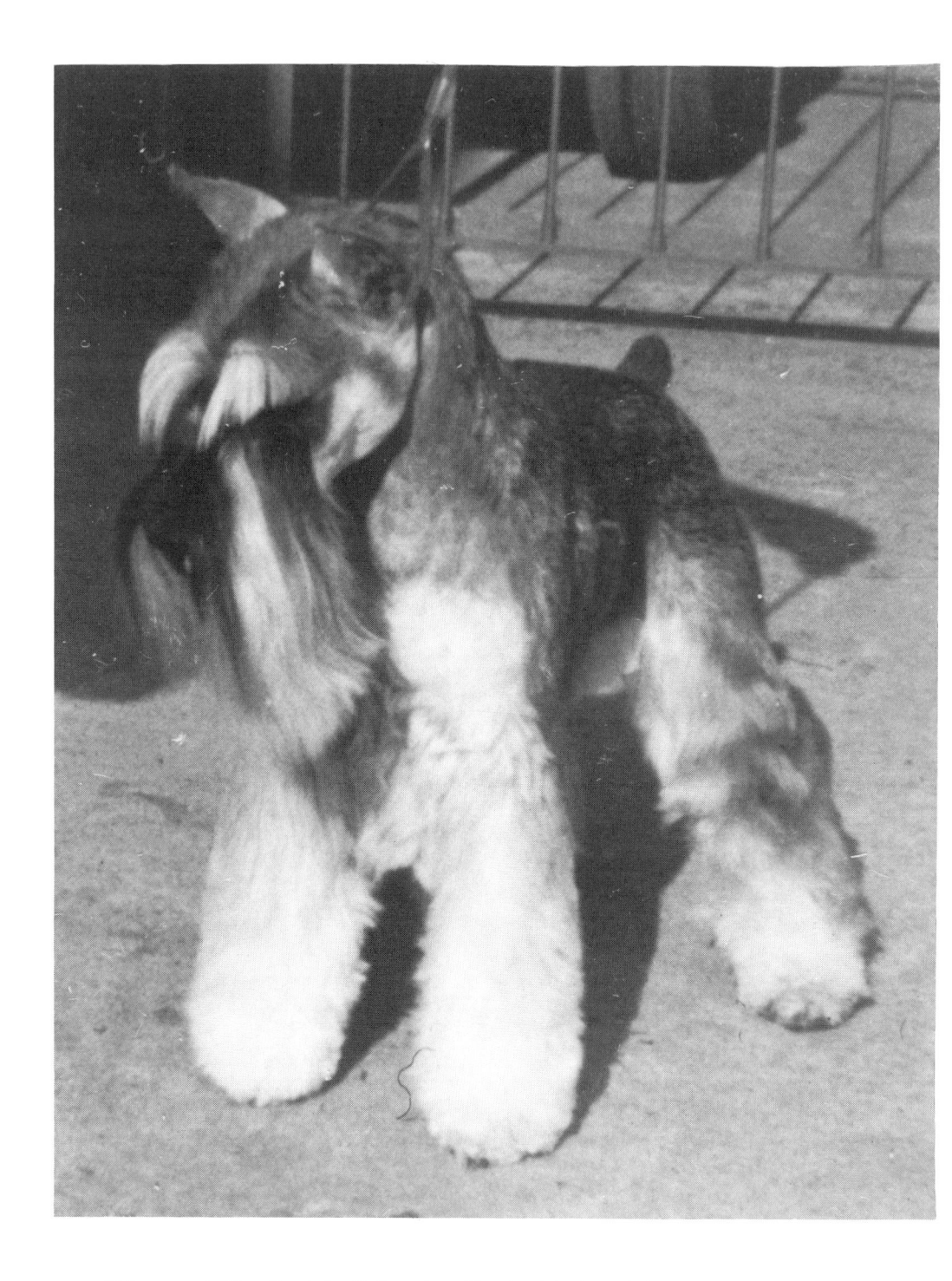

Kelvercrest The Curtain Call, vulgo **Curtis**. Macho Minischnauzer sal-e-pimenta. CH Brasileiro. Prop. Suzanne Blum. Canil Haus-Viking. São Paulo-SP.

CAPÍTULO 5

A RELAÇÃO DO HOMEM COM O CÃO

Ainda em idades pré-históricas, o cão já acompanhava o homem, embora à distância, para comer os restos de comida que ele deixava nos acampamentos que abandonava, em sua vida nômade. Parece, ainda que, a princípio, o cão lhe servia de alimento mas que, com o tempo, se tornou seu companheiro, ajudando-o, na caça.

Não há dúvida de que o cão foi o primeiro animal domesticado pelo homem, quando este deixou de ser nômade, se fixou e começou a plantar alguns alimentos e a apascentar alguns animais, o que aconteceu no período neolítico, na idade da Pedra Polida, 7.000 anos a.C.

Esse relacionamento entre o homem e o cão se consolidou tanto, que este se integrou à sociedade humana, de tal maneira, que um cão criado na mamadeira, desde filhote, por uma família passa, psicologicamente, a fazer parte da sociedade humana, tal o seu grau de integração a essa família. Por esse motivo, ele se torna um estranho à sua espécie, chegando a ficar até indiferente, sexualmente, às suas fêmeas. Para evitar que isso aconteça, o cão deve estar, sempre, em contato com outros cães, para que mantenha um relacionamento normal com os seus semelhantes. É a partir da 3ª ou da 4ª semana de vida que começa essa integração do cão à sociedade humana.

Como é nos seus 3 ou 4 primeiros meses de vida que os filhotes aprendem as suas primeiras regras de comportamento, essa é a sua mais importante fase de vida. Por isso, eles devem ser educados da melhor maneira possível, para evitarmos que, mais tarde, surjam problemas no relacionamento desses filhotes com os humanos. O temperamento dos pais, naturalmente, também influi sobre eles.

Os filhotes não devem ser isolados do ambiente em que vão viver, mas até ajudados a se adaptarem a ele. Para isso devemos, não só permitir, mas até facilitar o seu contato com pessoas, animais, automóveis e outros veículos; com o movimento das ruas; com todos os tipos de barulhos. etc. Não devemos, também, superprotegê-los para que, mais tarde, não apresentem problemas psíquicos e se tornem tímidos inseguros, submissos, dependentes ou estressados, como ocorre com as pessoas.

As reações e o comportamento do cão são instintivos. Por isso, é preciso compreender algumas das suas atitudes, para que ele não seja repreendido ou castigado por um ato que para ele é normal, pois isso o deixaria desorientado ou frustrado, porque ele não entenderia o castigo recebido, por crer que nada fez de errado.

QUANDO É DEIXADO SOZINHO

O Schnauzer é um cão que, por ser muito ativo e alegre, quer ter a maior liberdade possível, mas que não gosta de ficar só. Para ele, o melhor é estar sempre com uma companhia, principalmente o seu dono, que é o seu melhor amigo. O que ele não "agüenta", mesmo, é ficar preso e sozinho em uma casa ou apartamento, porque se sente completamente abandonado. Nesse caso, para se distrair, começa a brincar com os objetos que encontra, como tapetinhos, almofadas, sapatos, etc., muitas vezes os estragando ou destruindo, como um sinal de protesto contra o abandono de que foi vítima pois, para ele, isso é, realmente, um sofrimento muito grande. O melhor seria ter uma pessoa para fazer-lhe companhia e dele cuidar; colocá-lo em uma pensão ou clínica para cães ou deixá-lo em outra casa, para que ele não sinta, tanto, a falta do seu dono.

O SCHNAUZER E AS CRIANÇAS

O Schnauzer tem um relacionamento natural com as crianças melhor, talvez, do que com as pessoas adultas. Em compensação, as crianças têm uma grande afinidade com os cães, gostam muito deles e lhes devotam grande amizade e muito carinho. Não devemos, porém, nos esquecermos de que o cão é um animal, com todos os seus instintos e reações naturais, o que não permite que, mesmo as crianças passem de um certo limite, para evitar que, em certas circunstâncias, ele possa reagir instintivamente e tão rápido, que nem tenha tempo de ver quem dele se aproximou, mexeu no seu prato ou o tocou, enquanto ele estava distraído, comendo, dormindo, etc.

COMO ORIENTAR AS CRIANÇAS

Para evitar que o cãozinho sofra ou que haja problemas com as crianças, devemos orientá-las, dizendo-lhes o que é um cão, como lidar com ele, como tratá-lo e até como acariciá-lo, mas lembrando-lhes, também,   que ele é um animal e não gente, como nós, embora possa ser um grande e fiel amigo e companheiro para todas as horas e brincadeiras. Devemos fazer as crianças entenderem, também, que o cachorrinho é um animal e não um brinquedo, e que elas devem tratá-lo com todo o cuidado e carinho; que não devem ficar brincando com ele o dia inteiro, porque ele precisa descansar; que ele sente dores e sofre, como as pessoas e que, por isso, não devem puxar-lhe os pêlos, a cauda ou as orelhas, dar-lhe "cutucadas", beliscões e puxões ou bater neles; que não lhe devem dar açúcar, balas, doces ou outras guloseimas, pois lhe fazem mal; que não lhe devem dar comida fora das refeições; que não devem assustá-lo com pedras, paus, chicotes, soltando bombinhas ou fazendo barulhos súbitos, altos ou bruscos, porque ele fica com medo, assustado, nervoso e até agressivo.

Devemos ensinar às crianças, também, que mesmo por prazer ou por carinho, não devem ficar com o cãozinho durante muito tempo nos braços ou no colo ou então fazer-lhe carinho apertando-o muito, pois isso o incomoda e até o machuca.

Devemos ensiná-las, também, a alimentar o cãozinho e a tratá-lo com carinho, mas com energia, se for preciso, não se deixando dominar por ele, mas impondo a sua vontade à do cão; que não se aproximem do cão bruscamente ou de surpresa e, principalmente, que nunca o despertem de repente, para que ele não acorde assustado e reaja de acordo com o seu instinto animal, dando uma boa dentada na pessoa que esteja próxima, atacando, às vezes, o seu dono e melhor amigo, mas só o havendo feito, porque não teve tempo de identificá-lo.

O SCHNAUZER TAMBÉM SENTE CIÚME

Um cão pode sentir ciúme, e muito, do seu dono, pois o considera "seu" amigo. O problema é que ele pode demonstrar esse ciúme, mais ou menos intenso reagindo, às vezes, com violência, de acordo com o seu temperamento e as circunstâncias. Devemos, por esse motivo, pensar sobre o assunto, antes de levarmos para casa, outro cão, principalmente quando de companhia, porque ele, provavelmente, vai despertar ciúme no nosso antigo cão e amigo. Isso, naturalmente, vai depender, em parte, do nosso comportamento em relação a ele e, ainda mais, da maneira com que tratarmos o novo cão, podendo ele reagir de vários modos: ficar amuado e triste, recolhendo-se a um canto; deixar de comer e até ficar doente, porque se sente sozinho, abandonado e desprezado; fica "grudado" a seu dono, não permitindo a seu "rival", que receba atenção e carinho das pessoas que ele considera suas e que, por isso, ele acha que não devem dar atenção ao novo cão; ameaça e chega até mesmo a atacar o cão recém-chegado, que ele considera um intruso na "sua" casa e nas suas relações com o seu dono e a sua família; ele pode atacar, ferir ou até matar o seu "rival", quando é grande o seu ciúme.

Para evitar esses problemas, devem ser tomados alguns cuidados, entre os quais: 1 – permitir que o seu cão mantenha o maior contato possível com outros cães, para se acostumar com a sua presença; 2 – logo que o novo cão chegar à casa, deve ser apresentado ao cão que já vive nela e que a considera sua. Na hora da apresentação, no entanto, é necessário que o dono faça festas e carinhos no cão antigo e que não demonstre nenhum interesse pelo novo, para que ele "veja" que nada mudou em relação a ele, com a chegada do novo cão; 3 – se não brigarem, eles podem ficar juntos, soltos pela casa, mas sendo vigiados, para evitar algum problema entre os dois; 4 – somente depois que eles ficarem amigos é que podemos começar a dar maior atenção e carinho ao novo cão, que os merece e que os deve receber, mas aos poucos e sem exageros, principalmente na frente do seu companheiro, para que ele se acostume com isso.

O cão pode sentir ciúme de outros cães, de outros animais e de pessoas, principalmente do seu dono.

AS IDADES DO CÃO E DO HOMEM

Ouvimos, com freqüência, que 1 ano de vida de um cão equivale a 7 anos de vida de um homem, embora isso esteja errado porque, para calcularmos a relação entre as idades de um cão e as de uma pessoa existem coeficientes especiais para isso.

A vida média de um homem, no Brasil, é de 67 anos e a dos Schnauzers de 10 a 14, o que equivale a 56 a 72 anos de idade de um homem.

Apresentamos, neste capítulo, uma tabela de correspondência entre as idades do cão e do homem, o que muito facilitará aos interessados sobre o assunto.

TABELA DE CORRESPONDÊNCIA
ENTRE AS IDADES DO CÃO E DO HOMEM

Idade do cão	Idade do Homem	Idade do Cão	Idade do Homem
02 meses	14 meses	10 anos	56 anos
06 meses	05 anos	11 anos	60 anos
08 meses	09 anos	12 anos	64 anos
01 anos	15 anos	13 anos	68 anos
02 anos	24 anos	14 anos	72 anos
03 anos	28 anos	15 anos	76 anos
04 anos	32 anos	16 anos	80 anos
05 anos	36 anos	17 anos	84 anos
06 anos	40 anos	18 anos	88 anos
07 anos	44 anos	19 anos	92 anos
08 anos	48 anos	20 anos	96 anos
09 anos	52 anos		

VIAGEM – PROVIDÊNCIAS

Para que o cão possa viajar e de acordo com o seu destino, devemos tomar algumas providências, sobre as quais trataremos neste capítulo.

DOCUMENTOS EXIGIDOS E PROCEDIMENTOS

1 – atestado de saúde e carteira de vacinação, comprovando que o cão foi vacinado contra a raiva, há menos de 1 ano e há mais de 30 dias da data do embarque. Podem ser obtidos com um médico veterinário, particular;

2 – ir ao Ministério da Agricultura levando o atestado de saúde e a carteira de vacinação, para obter o **Certificado Internacional de Sanidade Animal** (CISA), para embarque dentro de 8 dias, no máximo, ou a **Guia de Trânsito Animal (GTA),** no caso de a viagem ser para outros estados brasileiros;

3 – para viagens internacionais, pegar todos os documentos mencionados e levá-los ao consulado do país a ser visitado;

4 – atenção! muito importante: para viagens internacionais, todos os documentos mencionados só servem para a saída do cão, do Brasil, sendo necessário que o seu dono providencie nova documentação, de acordo com a legislação do país em que ele estiver, para que o cão possa sair e outra, necessária para que ele possa regressar ao Brasil;
5 – o dono do cão, antes de viajar para o exterior, deve saber que alguns países como, p. ex., a Inglaterra, exigem que o cão, quando entra em seu território, fique de quarentena, como prevenção a algumas doenças, o que pode causar sérios transtornos e despesas extras ou inesperadas, para o dono do animal, quando ele não está sabendo dessas exigências;
6 – levar o cão para o aeroporto, 3 horas antes do embarque, para que ele e todos os seus documentos sejam examinados pela equipe de médicos veterinários do Ministério da Agricultura, sempre de plantão nos aeroportos, para o controle e fiscalização das saídas e entradas de animais;
7 – é importante que, antes de embarcar, o cão faça as suas necessidades, principalmente quando a viagem for longa;
8 – durante a viagem, o animal deve ser tratado o melhor possível, não ficando sem água ou alimentos;
9 – providenciar um local adequado para o cão ficar hospedado, principalmente durante as noites.

TRANSPORTE

Os Schnauzers, geralmente, são transportados com facilidade, porque se mantêm calmos, dentro das caixas ou gaiolas em que são colocados, para a viagem e que são, relativamente pequenas, mesmo as usadas para Schnauzer gigante. Eles podem viajar ou passear de carro, mesmo juntos com outros passageiros, porque se comportam muito bem. Há, no entanto, o perigo de eles se machucarem, no caso de uma freada, e o ferimento, muitas vezes, é no focinho.

No caso de viagens em transporte coletivos, devemos tomar algumas providências, entre as quais:
1 – colocar o animal em uma caixa, um engradado ou uma gaiola de madeira, plástico especial, fibra, arame galvanizado, etc., de acordo com as exigências das companhias transportadoras, dos seus países de destino e, o que é importante, com o tamanho do cão;
2 – as embalagens devem ser bem ventiladas, o que ocorre quando elas são de tela, grade ou possuem orifícios em número suficiente, na sua parte supe-

rior e nas suas laterais, para que o ar circule nelas, livremente, e o cão possa respirar normalmente;
3 – o tamanho da embalagem deve estar de acordo com o do cão que vai ser nela transportado, ou seja: comprimento igual ao do cão, medido da ponta do focinho até à base da cauda e mais algum espaço para que ele não fique espremido e possa fazer movimentos; a sua largura dever ser igual à do cão, medida no ombro, e a altura igual à altura do animal em pé e com a cabeça levantada;
4 – sendo a viagem aérea, o cão é colocado, normalmente, no compartimento de carga, do avião;
5 – se o cão ficar muito nervoso, devemos dar-lhe um tranqüilizante, mas só quando for absolutamente necessário, porque esse tipo de medicamento pode ter efeitos colaterais;
6 – quando o cão costuma enjoar, podemos administrar-lhe um medicamento para evitar esse problema;
7 – exceto quando a viagem for longa, não devemos dar alimentos ao cão, muito próximo da hora da partida;
8 – principalmente se recebeu alimentos, ele deve ser levado a passear, para que faça as suas necessidades antes do embarque.

HOSPEDAGEM PARA OS CÃES

Existem hotéis que recebem cães, quando estes estão acompanhando os seus donos, ou providenciam a sua hospedagem em outros locais. Outros, porém, não aceitam animais e nem se encarregam de alojá-los em outros locais especializados. Por esses motivos, e para evitar sérios problemas, antes de reservar um quarto em um hotel, o dono do cão deve verificar se ele hospeda o cão ou providencia a sua hospedagem em outro local.

Pensando no futuro... Filhotes Minischnauzers desmamados. Cor: sal-e-pimenta. Criadora: Suzanne Blum. Canil Haus-Viking. São Paulo-SP.

Sely. Fêmea Minischnauzer sal-e-pimenta, com um de seus filhotes. Criadora: Deolinda Teixeira. Canil Don Clar's. São Paulo-SP.

CAPÍTULO 6

ESCOLHA E AQUISIÇÃO DO FILHOTE

PORQUE E PARA QUE TER O CÃO

Quando uma pessoa deseja ter um cão, isso pode ocorrer por um ou mais motivos, entre os quais, podemos mencionar: um desejo, apenas; por curiosidade; porque gosta de cães; porque já teve um, está sentindo falta e também saudades; porque precisa de um companheiro leal, sincero e um confidente que ouve tudo com paciência, parece concordar, sempre, com o que o seu dono lhe diz, não o contradizendo e que nada lhe exige, em troca; para agradar a uma pessoa da família como um filho, por ex: para alegrar a casa com o seu barulho, alegria e "palhaçadas"; como guarda, para proteção; como terapia, pois a companhia de animais tem dado os melhores resultados no tratamento de uma série de doenças psíquicas, inclusive autismo.

Qualquer que seja o motivo para adquirir um cão, no entanto, devemos considerar uma série de fatores como os que se seguem: idade (filhote, jovem ou adulto); macho ou fêmea; tamanho (gigante, grande, pequeno ou miniatura); pêlos curtos ou compridos; temperamento; personalidade; comprado ou recebido de presente; função (companhia, guarda, trabalho, reprodução ou exposição); seu preço de custo, que pode ser normal ou elevado como, p. ex., para a reprodução ou concursos.

Outro ponto importante, na escolha do cão, é em relação à raça ou sangue: puro ou mestiço? Não há dúvida alguma de que devemos escolher um cão de raça pura, porque podemos prever o que ele será, no futuro: seu tamanho, cor, temperamento, etc., o que não é possível saber, quando se trata de um mestiço, principalmente quando de origem desconhecida, pois não podemos saber se ele será um cão pequeno, médio ou grande, quando ficar adulto; se será calmo ou nervoso; se ficará um cão manso ou bravo, etc., pois não conhecemos as suas características genéticas.

A ESCOLHA DO FILHOTE NA NINHADA

Para escolhermos melhor, um filhote, devemos conhecer o seu comportamento em relação à cadela e a seus irmãos, na ninhada, o que pode nos revelar elementos importantes sobre a sua vida, a sua saúde, o seu desenvolvimento, o seu temperamento, etc. Para melhor compreendermos esse assunto, devemos saber que, logo que nascem, os filhotes procuram as tetas da cadela e começam a mamar. Começam, então, a lutar por elas, vencendo os mais fortes que, tomando conta das mamas, bebem mais leite e ficam cada vez maiores e mais fortes em relação aos seus irmãos.

Outro fator importante na vida da ninhada é a hierarquia, cujos efeitos começam a ser sentidos quando os filhotes atingem os 30 dias de idade e começam a lutar pelo osso que recebem para brincar. Um exemplo dessa hierarquia é o fato de os machos irem, aos poucos, dominando as fêmeas e assumindo o seu lugar no grupo, o que é respeitado pelos cães, durante toda a vida.

Podemos encontrar, na mesma ninhada, filhotes apresentando os mais variados temperamentos: os valentes, os agressivos, os tímidos, os medrosos, os nervosos e até os covardes ou com problemas psíquicos.

Quando, p. ex., os filhotes estão disputando um osso, um pedaço de carne ou um brinquedo, não devemos interferir nessa disputa, tomando-lhes o objeto ou os separando, para que eles mesmos resolvam esses problemas, pois esse comportamento faz parte da natureza dos cães e não devemos alterá-lo.

A AQUISIÇÃO

Se o objetivo for adquirir um Schnauzer puro, devemos exigir do vendedor, a **tarjeta**, que é um documento oficial, expedido por uma entidade cinológica, garantindo a pureza da raça do cão. Quando quisermos um cão para exposições ou para a reprodução ele, além de ser puro, deve ser um excelente exemplar da raça, com um elevado padrão zootécnico. Neste caso, o seu preço é bem mais elevado do que o de um bom cão, mas com padrões raciais dentro da média da raça.

SEXO

Antes de resolvermos de que sexo vamos adquirir o cão, devemos nos lembrar de que, normalmente, o **macho** é mais pesado, mais abrutalhado, mais rústico, mais duro e menos carinhoso e meigo e menos dado a brincadei-

IDADE DOS CÃES PELOS DENTES

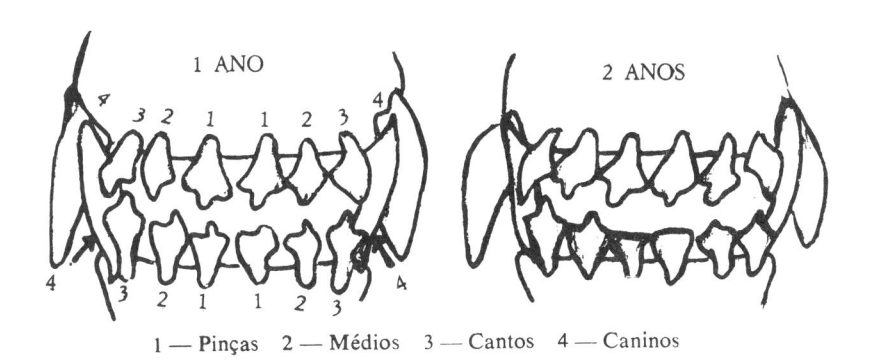

1 ANO

2 ANOS

1 — Pinças   2 — Médios   3 — Cantos   4 — Caninos

3 ANOS

4 ANOS

5 ANOS

ras do que a **fêmea**, pois esta é mais atenciosa, dócil, carinhosa e gosta mais de brincar do que ele. Há, no entanto, muitos machos que são excelentes companheiros e que também tratam as pessoas tão bem quanto as fêmeas, o que, naturalmente, depende do seu temperamento. A escolha do sexo, portanto, depende do desejo do comprador ou da sua maior simpatia por um dos filhotes da ninhada que ele está examinando.

Quando a pessoa pretende fazer uma criação ou possuir um filho do cãozinho que está adquirindo, o melhor é escolher uma fêmea, porque será muito fácil arranjar um macho para acasalá-la, pagando uma "taxa de cobertura" ou mesmo por empréstimo.

IDADE

O melhor é adquirir o filhote com 45 a 60 dias, no máximo, ou então com 4 a 5 e até 6 meses, quando preferirmos ter menos trabalho pois, com essa idade, ele já está mais forte e já apresenta, melhor, as suas características, facilitando a sua escolha. Além disso, nessa sua fase de vida, ele melhor se adapta ao seu novo dono e à sua nova casa.

Quanto à aquisição de cães já adultos, só é aconselhável em certos casos, porque eles podem apresentar problemas, à vezes sérios, de adaptação ao novo dono, à sua família e à sua nova casa. Muitas vezes, a sua reeducação é bastante difícil e imprevisível o grau de amizade que ele possa ter com as novas pessoas que com ele convivem. Naturalmente, quando o cão se destina a um canil, não há esses problemas, sendo a sua seleção o fator mais importante para que ele seja adquirido, pois o objetivo é a sua entrada na reprodução.

CARACTERÍSTICAS

Só devemos adquirir um cãozinho, se ele apresentar determinadas características, entre as quais: ser sadio; ter visão, audição e olfato normais; se enquadre nos padrões da sua raça; possua um bom temperamento; ser precoce ou, de preferência, o mais desenvolvido da ninhada; seja vivo, esperto, alegre e brincalhão e não tímido ou medroso; seus olhos sejam vivos e brilhantes; possua um bom apetite; não esteja gordo demais; tenha um bom desenvolvimento ósseo; andar normal, com bons aprumos e com uma boa movimentação dos seus membros; ergots já amputados.

Devem ser recusados filhotes com defeitos, principalmente graves como, p. ex.: tristeza acentuada; magreza excessiva; mal desenvolvido; fraco, raquítico ou defeituoso; com prognatismo; cores não aceitas; falhas de pêlos; crostas, feridas, calombos, etc., pelo corpo; corrimentos anormais como sangue, pus, etc.; lágrimas, coriza, resfriados ou diarréias. Ele deve, ainda, estar limpo, sem apresentar sinais de urina nos pêlos ou de "sujeiras", principalmente fezes, em volta do ânus.

Os machos mais velhos ou adultos, devem ter as suas características masculinas bem acentuadas e os seus órgãos genitais externos perfeitos, com os 2 testículos normais e dentro da bolsa escrotal e não apenas 1 (monorquidia) ou nenhum (criptorquidia); uma dentição normal, etc.

Quanto mais velho o cão, melhor para se fazer uma boa escolha, porque as suas qualidades, boas ou más, vão se acentuando com a idade.

Muito importante, também, não nos devemos esquecer disso, é conhecermos o pai dos filhotes, a cadela e toda a sua ninhada, da qual vamos tirar o nosso cachorrinho.

DOCUMENTAÇÃO

Para comprovar a transação, quando adquirirmos um cão, devemos exigir do vendedor, um **recibo de compra e venda** do animal, o que nos garante a sua posse e permite que façamos reclamações futuras e a **tarjeta,** que é um certificado de registro fornecido por uma entidade cinológica oficial, comprovando que o cão é puro.

Schnauzer Gigante. Cor: preta. Notar o tamanho do seu bigode, da sua barba e das suas sobrancelhas.

Skansen's Bruno. Macho Schnauzer Gigante. Cor: preta. Idade: 7 meses. Importado dos Estados Unidos. Prop. Cristine T. S. Bwee. Canil Casa do Barão. Mogi das Cruzes-SP.

CAPÍTULO 7

APÓS A AQUISIÇÃO DO FILHOTE

Logo após adquirirmos o filhote, devemos levá-lo a um médico veterinário, para um exame geral, para que lhe seja receitado um vermífugo, quando necessário, inicie o seu esquema de vacinação e seja tomada qualquer outra providência julgada necessária.

COMO SEGURAR O CACHORRINHO

É muito importante segurar o filhote, de maneira correta, para evitar que ele seja machucado. Para isso, devemos fazer da seguinte maneira: 1 – colocamos a mão esquerda virada para cima, apoiando o peito do filhote; 2 – com os dedos polegar e indicador, seguramos a sua perna esquerda e, com os dedos médio e anular, pegamos a sua perna direita; 3 – com a mão direita, apoiamos o filhote por trás, ficando ele sentado sobre ela. Dessa maneira, ele fica confortável e bastante seguro.

TRANSPORTE DO FILHOTE

Depois de adquirido, ele pode ser levado para a sua nova casa, de diversas maneira e sem problemas: no colo de uma pessoa; em uma caixa de papelão, madeira, plástico, etc.; em uma cesta; em um caixotinho, etc., desde que eles tenham um fundo que não escorregue e que sejam forrados com papel ou jornal e possuam uma boa ventilação, inclusive com furos em sua parte superior e nas laterais, quando for o caso.

CHEGADA À NOVA CASA

Quando o cãozinho chega à sua nova casa, já deve encontrar prontos, para ele, um lugar para dormir; outro para ele fazer as suas necessidades, e ainda, outros, para ele se alimentar e brincar pois, assim, ele se adapta melhor e mais rapidamente, a esse novo ambiente.

Sua chegada deve ser, de preferência, pela manhã, para que ele tenha o dia inteiro para fazer um reconhecimento geral do seu novo ambiente, familiarizando-se com a casa, seus móveis, objetos e, principalmente, com as pessoas com as quais vai conviver, pois se encontra, agora, em um mundo totalmente desconhecido para ele. Devemos, por isso, deixá-lo livre para andar por toda a casa, mas discretamente vigiado, para evitar algum possível acidente ou que ele possa fugir.

No dia em que chega ao seu novo lar, ele se sente desorientado e, principalmente nesse dia, ele deve receber muito carinho para que, pelo menos, possa se sentir protegido. Ao anoitecer, no entanto, é que surge o maior problema, porque ele se sente solitário, sem a mãe e os irmãos, começa a chorar e a dar, também, fortes ganidos, não deixando ninguém dormir.

Para diminuir esse problema, devemos alimentar o filhote o mais tarde da noite, possível, no seu próprio prato, trazido da sua antiga casa e depois o colocamos na cama, que deve ser forrada, de preferência, com um pano sobre o qual ele já estava acostumado a dormir porque, assim, ele fica mais calmo, pois sente nele, os cheiros da sua mãe, de seus irmãos e o seu próprio cheiro.

Nos primeiros dias, mesmo com todos esses cuidados, ele chora à noite, quando vai dormir. Por isso, devemos ralhar com ele, e mandar, zangados, que se cale. Quando isso não for suficiente, devemos bater na nossa mão, com um jornal enrolado, para que o barulho súbito o assuste, e ele se cale. Se ele, no entanto, continuar a chorar, devemos dar-lhe, com o jornal enrolado, uma pancadinha de leve, no focinho, porque ele fica quieto e dorme. Na primeira noite, no entanto, para que ele fique mais calmo, podemos colocar na sua cama ou no seu ninho, um boneco para lhe fazer companhia.

Para o filhote estranhar menos a mudança de ambiente e melhor a ele se adaptar, devemos manter a rotina do seu manejo e a mesma alimentação a que estava acostumado na sua antiga casa. Nesse período de adaptação, principalmente, devemos nos lembrar de que palavras e carinhos dão melhores resultados do que castigos. Importante, ainda, é tomarmos muito cuidado quando, na casa em que o filhote chegar, já existir outro cão, para evitar que ele fique com ciúme (ver Cap. 5, pg. 39).

CANIL

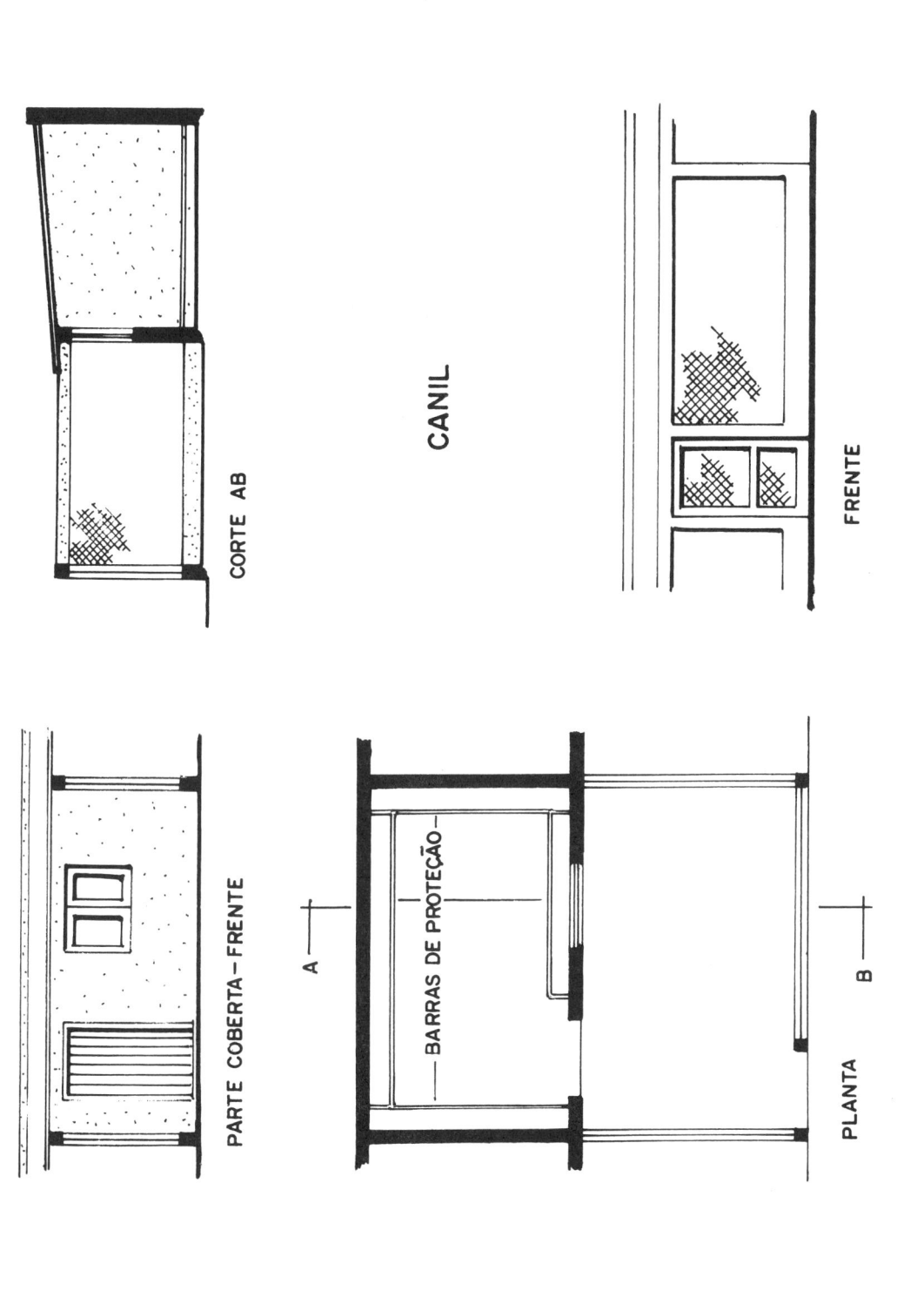

CORTE AB

PARTE COBERTA – FRENTE

BARRAS DE PROTEÇÃO

A

B

PLANTA

FRENTE

PARA QUE O FILHOTE SE SINTA BEM

Para que o cãozinho viva livre, despreocupado e se sinta feliz e querido na sua nova casa, devemos tratá-lo com afeto, carinho e demonstrações de amizade, além de proporcionar-lhe um certo conforto e uma boa alimentação. É necessário, também, que respeitemos alguns de seus hábitos e algumas regras sobre a sua maneira de ser e de agir. Por isso, não devemos despertá-lo quando ele estiver dormindo, interrompendo assim, o seu descanso; não ficar o dia inteiro "mexendo" ou brincando com ele, pois não é nenhum brinquedo; não o ficar segurando durante muito tempo, no colo ou nos braços, apertando-o, exceto quando ele mesmo "pede colo"; não deixar as crianças ficarem brincando com ele o dia inteiro, porque ele necessita de sossego, repouso e até de uma certa privacidade, para que possa, não só dormir, mas também para que, ficando sozinho, possa brincar e se distrair com os seus brinquedos, roer osso, etc.; organizar a vida do filhote, estabelecendo um horário para as suas diversas atividades; proporcionar-lhe exercícios diários, mas moderados; fazer com que ele tome Sol, todos os dias, mas não em excesso, e somente até às 10 horas da manhã ou depois das 16 horas, para que ele não sofra os efeitos dos raios solares durante o dia; quando ele se comportar bem ou obedecer, devemos fazer-lhe elogios e até recompensá-lo com guloseimas, pois isso é muito importante e gratificante para ele.

COMO EVITAR ALGUNS PERIGOS PARA OS FILHOTES

Os filhotes são muito espertos, vivos, ágeis, muito brincalhões e gostam de correr e de pular. Além disso, têm a mania de morder, mastigar e até de engolir o que encontram, inclusive materiais como plásticos, p. ex., que lhes podem causar problemas sérios como obstruções do seu aparelho digestivo, perfurações no estômago ou intestinos, intoxicações, e até a sua morte. O melhor, portanto, é prevenir, evitando ou diminuindo esses problemas. Para isso, devemos tomar algumas providências, entre as quais: não deixar ao alcance dos filhotes ou proteger com peças adequadas especiais, as tomadas e os fios elétricos e telefônicos, para que os cãezinhos não os mordam e estraguem e ainda, o que é muito pior, engulam pedaços desses fios ou tomem choques elétricos que os podem matar; não deixar jogados, ao alcance dos filhotes, agulhas, alfinetes, pregos, tampas de garrafas, rolhas, pedaços de plástico ou de pano, caroços de frutas duros ou cortantes como os de pêssegos, p. ex., ou outros objetos muito pequenos, para que eles não os engulam, fiquem engasgados e sufocados com eles, sendo necessário, às vezes, uma cirurgia para retirá-los do seu aparelho digestivo, ou então eles podem se intoxicar, ingerindo-os; não deixar a seu alcance, medicamentos, inclusive de uso humano, para que eles não os engulam ou mastiguem; não lhes dar brinquedos ou outros materiais plásticos ou sintéticos, como espuma de isopor borracha sintética ou natural, bichinhos de pelúcia sintética, folhas plásticas, saquinhos de balas, de bombons, etc., porque esses materiais não são por eles digeridos e os podem intoxicar e até matar, por obstrução das vias digestivas; não deixar lâmpadas ou resistências elétricas ligadas, velas e cigarros acesos, etc., para evitar que levam choques ou que se queimem, às vezes, com gravidade; conservar portas, portões e janelas fechados, para que os filhotes não fujam; não deixar varandas, janelas ou sacadas abertas, para que eles delas não caiam, às vezes de grandes alturas, ferindo-se gravemente e até morrendo; não permitir seu acesso a escadas, para delas não rolarem ou tomarem tombos violentos, sofrendo lesões graves, fraturas, etc.; usar grades de segurança que não permitam a passagem dos filhotes, para que não sofram quedas ou acidentes, às vezes graves; impedir que tenham acesso a uma piscina, um lago ou um tanque porque, mesmo sabendo nadar, eles podem não conseguir sair, nadem até se cansarem e morram afogados; cuidado quando saírem para passear, porque pegam tudo o que encontram por onde andam; na volta, examinar bem os cães, para verificar se eles não se sujaram ou se não se machucaram, principalmente nas patas e nos pés, com cacos de vidro, latas, pregos, etc.

CAMA PARA O FILHOTE

Quando chegar à sua nova casa, o filhote deve encontrar e já "pronta", a sua nova cama, que pode ser apenas um cobertor, um forro acolchoado, uma simples caixa de papelão, plástico ou madeira ou apenas um caixote, de preferência com tampa ou colocado em um local bem obrigado. Pode ser retangular ou quadrada, com a frente baixa, para que o filhote possa entrar e sair com mais facilidade. Ela deve ter pés, não ficando apoiada diretamente no chão, para que não fique úmida e para que o vento, canalizado, passe por baixo dela.

Quando as paredes da cama forem de madeira, devem ser bem lisas, sem lascas, farpas ou rebarbas, para que o filhote nelas não se fira e não devem ser pintadas ou revestidas de material colado, porque o filhote, roendo a cama, como ocorre normalmente, pode arrancar e ingerir pedaços desses materiais, inclusive cola, sofrendo intoxicações ou tendo problemas no aparelho digestivo e até morrendo.

A cama, porém, não é somente um lugar para o filhote dormir: é muito mais do que isso, pois é o "seu cantinho", o seu refúgio. É nele que o cãozinho se recolhe para descansar, para ficar só, isolado, e no qual ele se refugia e se sente em segurança. É o seu "esconderijo", para o qual leva tudo o que encontra e no qual esconde os seus brinquedos, bolas, ossos artificiais, etc.

Podemos forrá-la com papéis ou jornais, cobertores ou panos de algodão ou de lã natural, mas não de tecidos ou de lâminas de plástico ou de outros materiais sintéticos. Ela pode ter, também, um acolchoado ou mesmo um colchão, desde que não sejam de material sintético.

Quando o filhote não gostar do local em que ficou a cama, o que pode acontecer, devemos levá-la para outro lugar.

GAIOLA PARA CÃES

Quando o cão, de qualquer idade, inclusive adulto, vive em uma casa, a sua cama pode ser colocada dentro de uma gaiola especial, geralmente de arame galvanizado ou de madeira, fibras, plástico, etc. Ela possui uma porta, para prendê-lo. Ela serve, também, para transportar o cão. O seu tamanho deve ser proporcional ao do animal que a está usando.

A comida não deve ser colocada na gaiola, sendo o cão solto na hora das refeições, dos exercícios e para fazer as suas necessidades. A água, no entanto, pode ser nela colocada, de preferência em bebedouros tipo "mamadeira", com bicos especiais e que servem, também, para cães adultos.

CASINHA PARA O CÃO

Existe uma casinha especial para o cão. Ela pode ser de vários modelos e de madeira, de alvenaria, etc. Deve ser resistente, com um tamanho adequado ao do cão que abriga, além de protegida do Sol, dos ventos e das chuvas, por cortinas ou portas especiais.

Podemos colocá-la: 1 – em um terreno aberto, ficando o cão solto, dentro dele; 2 – em um terreno cercado e o cão livre, dentro dele; 3 – em um terreno fechado ou não, por cercas, sendo o cão preso pela sua corrente, que é ligada a um cabo aéreo, pelo qual ela desliza, proporcionando maior espaço para o animal andar, correr, fazer exercícios e vigiar o local em que se encontra.

ONDE FAZER AS SUAS NECESSIDADES

O filhote, desde pequeno, não mais urina ou defeca na sua cama, dentro da casinha ou nos locais em que permanece, normalmente, fazendo as suas necessidades fora desses lugares. Chegando, porém, a uma nova casa, o seu novo dono deve lhe mostrar o local destinado a isso, ou "banheiro". O melhor é acostumá-lo a só fazer as necessidades sobre um jornal ou em um caixotinho ou tabuleiro forrado com papel, jornal ou com uma camada de areia, no fundo, e que é colocado, sempre à sua disposição, no mesmo lugar.

O filhote, no entanto, deve aprender a usar o jornal ou tabuleiro e, para isso, o seu dono deve colocá-lo nesses lugares: 1 – pela manhã, logo que o retira da cama; 2 – quando ele acabar de comer porque, normalmente, ele defeca logo depois das refeições e 3 – quando o filhote, de repente, começa a cheirar o chão, como se estivesse procurando alguma coisa. Em poucos dias ele se acostuma a só fazer as suas necessidades, no lugar para isso destinado.

Quanto aos cães maiores ou adultos, devem ir ao "banheiro", pela manhã, bem cedo, e à noite, o mais tarde possível.

O cão não deve ser castigado porque "sujou" onde não devia como, p. ex., sobre um tapete, porque ele não compreende que é um castigo e sofre sem saber porque. Não devemos, portanto, esfregar o nariz do cão, nas suas fezes, porque isso nada resolve.

HIGIENE

É importante que todos os lugares nos quais ficam os cães, sejam muito limpos e que neles seja mantida a mais rigorosa higiene, sendo necessário para isso e diariamente: lavar e se possível, desinfetar todos os pratos, comedouros e bebedouros; limpar e lavar bem as instalações, para que fiquem bem limpas e depois, desinfetá-las rigorosamente, após remover fezes e outras sujeiras.

Também todos os dias, devemos fazer uma boa inspeção nas camas e nos ninhos, limpando-os e, quando necessário, trocando a sua forração, para que neles seja mantida a mais rigorosa higiene possível.

FILHOTE QUE URINA EM QUALQUER LUGAR

É muito comum vermos um filhote urinar em qualquer lugar e ele o faz nas mais diversas circunstâncias: quando fica assustado; tem medo; quando é repreendido e até mesmo quando é chamado, recebe carinhos do seu dono ou de qualquer outra pessoa e fica todo contente, alegre e feliz. Ele, no entanto, não deve ser castigado e nem mesmo repreendido, por isso, porque se trata de um ato fisiológico normal e incontrolável para ele, e que é provocado pelo seu esfíncter que, relaxando, deixa a urina sair. Seria uma injustiça castigá-lo, por esse motivo: seria o mesmo que dar umas palmadas em um bebezinho que fizesse "xixi" na fralda. Esse problema desaparece com a idade.

No caso, porém, de um cão maior ou já adulto, que urina sempre, no mesmo lugar, o problema é outro. Ele o faz para demarcar o seu "território", como os seus ancestrais selvagens o faziam, para evitar que outros cães invadissem o seu espaço. Quando isso acontece, o melhor é desinfetar o local, com um produto que tenha um cheiro bem forte, para mascarar o cheiro da urina do cão, para que ele não mais urine nesse local.

O CÃO À MESA, NA HORA DAS REFEIÇÕES

O cão não deve ficar em volta da mesa, na hora das nossas refeições, porque isso prejudica muito, o seu regime alimentar, pois ele sempre come pedaços de pão, de doces e de comida. Se ele ficasse apenas esperando, para ganhar as guloseimas, o problema seria menor. Não é isso, no entanto, o que acontece, porque ele fica "pedindo" ou implorando, mesmo, mas com aquele olhar suplicante, como se sentisse a mais infeliz das criaturas, cuja expressão de "coitadinho" incomoda cada vez mais, mas que acaba comovendo qualquer pessoa. Ninguém consegue resistir a essa "chantagem sentimental" e ele acaba recebendo as guloseimas que queria.

O cão conhece a sua capacidade de persuadir as pessoas e até escolhe as mais "moles". É por isso que não devemos deixá-lo ficar rondando a mesa e a isso se acostume, para evitar um problema que não é tão sem importância como pode parecer.

CUIDADOS NO MANEJO DOS FILHOTES

O manejo dos filhotes exige certos cuidados, entre os quais, os seguintes:
1 – quando estão com 3 a 5 dias de idade: amputar a cauda e os ergots;
2 – com 20 a 30 dias de idade, começar a fazê-los tomar Sol, todos os dias, mas apenas até às 10 horas da manhã ou depois das 4 horas da tarde;
3 – dar-lhes os alimentos com regularidade, sempre no mesmo horário, devendo o seu prato ser retirado logo depois que eles terminam de comer, para que

as sobras de comida não se estraguem, eles as comam e tenham problemas gastrointestinais e até intoxicações;
4 – dar-lhes o 1º banho quando estão com 2 meses de idade, com água morna, nunca com água fria e, de preferência, em dias que não estejam muito frios. Após o banho, devem ser enxugados com uma toalha felpuda e depois secados com um secador elétrico; em um ambiente com uma lâmpada elétrica ou até mesmo ao Sol;
5 – evitar que, depois do banho, tomem vento ou fiquem no frio;
6 – colocar uma coleira no seu pescoço, quando estiverem com 2 meses de idade;
7 – aos 3 meses de idade, começar a fazer pequenos passeios;
8 – com 4 meses, já devem começar os treinamentos de obediência e já podem ser apresentados em exposições;
9 – aos 6 meses de idade começam os seus treinamentos para a guarda, quando forem destinados a essa missão;
10 – com 10 meses de idade, já podem iniciar o treinamento para o ataque.

COLEIRA, GUIA E ENFORCADOR

Não podemos dispensar seu uso no manejo dos cães, principalmente quando em treinamento ou quando estão em locais públicos ou são apresentados em exposições.

Coleira. Deve ser macia, para melhor se adaptar ao pescoço do cão, não o incomodando ou machucando e nem larga, para não dificultar os seus movimentos. Devemos fixar nela, uma chapinha com o nome, telefone e endereço do dono do animal, para que ele possa ser localizado rapidamente, no caso de o cão fugir ou se perder. Podemos utilizar, também, localizadores eletrônicos e automáticos, para serem fixados na coleira do cão ou sob a sua pele, o que permitirá a sua localização, com facilidade e a qualquer momento.

Os cães, normalmente, aceitam a coleira, com facilidade. Há, no entanto, alguns que a estranham muito e ficam tentando tirá-la do pescoço e outros que chegam, mesmo, a ficar desesperados quando a sentem no pescoço. Importante, porém, é que todos acabam se acostumando. Para isso, basta colocá-la no pescoço do cão e depois deixá-lo livre, com ela, durante 1 ou 2 dias.

Guia. Para que o cão se acostume com ela, basta que a prendamos na coleira com a qual ele já se acostumou, e que o deixemos solto, arrastando-a para onde quiser. Logo que o cão não mais se preocupar com a guia, porque já se acostumou com ela, podemos começar o treinamento para que ele, além de aceitar a coleira e a guia, obedeça os comandos que lhe forem dados através delas.

Precisamos, no entanto, tomar alguns cuidados quando, pela primeira vez, seguramos o cão pela guia, para que ele não sofra física e psicologicamente, pois isso representa, para ele, a perda da liberdade que ele tanto preza.

Pelos motivos expostos, e com todo o cuidado possível, devemos:
1 – chamar o cão, normalmente. Assim que ele chegar, nós lhe fazemos carinho e o agradamos dando, inclusive, guloseimas;
2 – prendemos a guia na coleira, com a qual ele já acostumou e que está no seu pescoço;
3 – seguramos a guia com uma das mãos, mas sem puxá-la;
4 – bem devagar e aos poucos, vamos encurtando a guia até que, em dado momento, o cão percebe que está preso a ela. Devemos, no entanto, continuar a falar e a brincar com ele, além de, também, o agradar;
5 – tentando se livrar da coleira e da guia que o está prendendo, o cão começa a sacudir a cabeça para os lados e a andar para trás, parando e tornando a andar "de ré";
6 – começa, então, a latir, rosnar, a ganir e, muitas vezes, a correr, a dar pulos para os lados e, ao mesmo tempo, balançando a cabeça;
7 – sem afrouxar a guia, e de frente, ficamos olhando para o cão, continuamos a falar com ele, carinhosamente, e vamos caminhando na mesma direção em que ele, mas sempre o chamando e procurando agradá-lo;
8 – o cão, em geral, vai se acostumando e, quando o chamamos, começa a nos acompanhar mas, de repente, torna a parar;
9 – quando ficar parado, devemos falar com ele, acariciá-lo e chamá-lo, pois ele passa a nos acompanhar, acaba se acostumando com a coleira e a guia, delas se esquece e começa a agir normalmente;
10 – o que não devemos fazer nunca, é brigar com o cão, castigá-lo ou arrastá-lo pela guia;
11 – em geral, com somente 1 dia de trabalho, conseguimos que o cão ande, normalmente, com a guia.

Interessante, no entanto, é que, pouco tempo depois, basta mostrarmos ao cão, a coleira e a guia, para que ele fique todo contente, e abanando a cauda, porque sabe que vai passear. Muitos cães vão até buscar a coleira, quando percebem que o seu dono está se arrumando para sair.

Enforcador. Ele nada mais é do que uma coleira especial, uma pequena corrente com uma argola em cada extremidade, sendo que uma das argolas possui um diâmetro menor do que a da outra, para poder passar por dentro dela, formando um laço escorregadio, que é colocado no pescoço do cão, como uma coleira comum. Ele é preso à guia, para que o cão seja contido, quando isso for necessário. É utilizado principalmente em cães rebeldes, bravos, grandes e fortes, em treinamento ou que não obedecem as ordens recebidas ou que arrastam as pessoas que os seguram pela guia presa a uma coleira comum.

Estando com um enforcador, o cão tem que parar porque, quanto mais força faz o animal, mais ele vai apertando o seu pescoço e ele começa a tossir e a se engasgar, pois vai ficando enforcado, o que faz com que pare.

PASSEAR COM OU SEM A GUIA

Não há necessidade de levar um filhote para passear, antes de ele ter 5 meses de idade, porque os exercícios que faz em casa são suficientes para as suas necessidades.

Para o cão, o melhor seria andar sem a guia, correndo livremente, durante os seus passeios. Deixá-lo solto, no entanto, não é aconselhável, tanto para o cão quanto para o seu dono, porque esse procedimento poderia trazer problemas, às vezes graves como, p. ex.: o cão fugir ou se perder; avançar nas pessoas, assustando-as e até as atacando e ferindo, sendo o seu dono responsável pelos danos por ele causados.

Além disso, existem leis, decretos e portarias que proíbem os cães de freqüentarem locais públicos sem estarem contidos por uma guia presa à sua coleira e, em certos casos, eles devem usar, também, uma focinheira, para evitar que mordam pessoas que passem muito perto deles. Pelas razões mencionadas, não há dúvida, o melhor é só sair com o cão preso à guia e até mesmo, com uma focinheira.

Quando, no entanto, houver possibilidade, devemos soltar o cão, para que ele ande e corra, à vontade, fazendo exercício e ainda se sinta feliz com a liberdade.

RELACIONAMENTO ENTRE CÃES

A primeira coisa que os cães fazem, quando são apresentados uns aos outros, é cheirarem as partes traseiras dos estranhos, para identificá-los. Eles agem dessa maneira, porque cada cão tem o seu cheiro típico, individual, uma verdadeira "carteira de identidade" produzido por glândulas especiais, localizadas na sua região anal.

O primeiro contato entre cães estranhos pode ser hostil e eles, às vezes, tentam até se agredir, ou então amigável, e eles podem ficar juntos, sem nenhum problema. Normalmente, quando é entre fêmeas e machos ou entre filhotes e adultos, não há nenhum problema, quando eles se encontram e ter-

Minischnauzer e um **Dobermann** brincando como bons amigos. Prop. Suzanne Blum. Canil Haus-Viking. São Paulo-SP.

Minischnauzer sal-e-pimenta e seu amigo Rottweiler.

minam até em brincadeiras quando é entre cães novos e filhotes. Quando, porém, se trata de 2 adultos e um não simpatiza com o outro, eles eriçam os pêlos do dorso e o arqueiam para ficarem com uma aparência de maiores e mais ferozes, para assustar o adversário. Quando se intimidar ou não quiser brigar, o cão expõe ao outro, o seu pescoço, que é a sua parte mais vulnerável, ou então vira a sua parte traseira, mostrando as suas partes genitais. Durante essa fase de reconhecimento entre 2 cães, ninguém deve interferir, porque pode provocar uma violenta briga entre eles.

O mais importante, porém, é controlarmos o cão, dominando-o, mesmo, para evitar que ele se transforme em um perigo permanente, atacando pessoas e animais.

O melhor é acostumarmos o cão a conviver com outros cães, pois quando era selvagem, ele vivia em matilha, solto, na natureza, e obedecia a um chefe ou líder, como o faz atualmente, em uma família humana, e sob o domínio de um líder ou chefe, também humano. Para um cão, esse contato com outros cães é muito importante, por trazer-lhe grandes benefícios psicológicos, porque ele aprende, com isso, a ter um relacionamento normal com eles.

Importante, também, é fazermos o cão andar para fazer exercícios porque, além de fazerem bem à sua saúde, concorrem para que ele melhor se adapte ao ambiente em que vive e tenha mais contato com outras pessoas além da "sua família" e também com outros animais, principalmente cães, para que ele "se lembre" de que é canino, embora viva entre seres humanos.

Zoogbi. Macho Minischnauzer sal-e-pimenta. Criadora: Deolinda Teixeira. Canil Don Clar's. São Paulo-SP.

CAPÍTULO 8

COMO EVITAR A REPRODUÇÃO

Quando não desejamos que o nosso cão, macho ou fêmea, se reproduza, devemos tomar algumas providências ou precauções, como verificaremos no presente capítulo.

CADELA – PRECAUÇÕES

Para evitar que uma cadela entre em gestação, sem a qual ela não pode se reproduzir, podemos tomar uma série de precauções, entre as quais:
1 – quando ela estiver no cio, isolá-la completamente, para que nenhum macho dela se aproxime e faça o acasalamento;
2 – vesti-la com uma "fralda" ou uma calça especial, quando ela entrar em cio, para protegê-la, evitando que seja acasalada ou que suje tapetes, móveis, etc., com o sangramento que ela sofre nessa época. Esse método não é muito seguro, pois já soubemos até de um caso de o macho rasgar essa proteção da fêmea e depois fazer o acasalamento;
3 – empregar repelentes especiais, pulverizando-os nos órgãos sexuais da cadela, para que o cheiro desses produtos mascare o "cheiro" típico que ela exala quando está no cio e que atrai os machos. Essa técnica, no entanto, não é muito confiável;
4 – dar pílulas anticoncepcionais à cadela;
5 – fazer a laqueadura das suas trompas uterinas;
6 – submeter a cadela a uma histerectomia, extirpando o seu útero, as 2 trompas e os 2 ovários, quando ela é operada para a retirada de fetos vivos ou mortos, do seu útero;
7 – castrar a cadela, retirando os seus 2 ovários, o que a esteriliza;
8 – aplicar-lhe substâncias abortivas, desde que receitadas por um médico veterinário, para evitar que a cadela entre em gestação, quando ela foi acasa-

lada contra a vontade do seu dono, apesar de todo o cuidado para que isso não acontecesse;
9 – quando o dono não quer que a cadela tenha os filhotes, mesmo depois de ela entrar em gestação, a solução é provocar um aborto, que deve ser feito o mais cedo possível, mas que deve ser evitado, pelos males que pode causar à sua saúde.

OPERAÇÃO CESARIANA

Quando, devido ao tamanho ou número dos filhotes ou por qualquer outro motivo, o parto se torna difícil ou impossível, mesmo, a cadela, normalmente, é submetida a uma operação cesariana.

Nessa intervenção, o cirurgião faz uma incisão no ventre da cadela e outra no seu útero, retirando por eles, todos os fetos e materiais fetais. O útero e o ventre são, depois, saturados, terminando a operação.

CÃO – PROVIDÊNCIAS

Para que o cão não cumpra o seu papel na reprodução, podemos tomar as seguintes providências:
1 – não deixar que ele se aproxime de uma cadela no cio, para evitar que ele faça o acasalamento e ela entre em gestação;
2 – fazer a ligadura dos seus canais deferentes ou vasectomia, para evitar a saída dos espermatozóides, evitando que eles sejam ejaculados na vagina da cadela. Essa intervenção o deixa estéril, mas com os seus instintos sexuais normais, podendo fazer acasalamentos, mas sem "enxertar" as fêmeas;
3 – castração, para a retirada dos seus 2 testículos, o que o torna estéril, porque não pode mais produzir espermatozóides, o que faz com que perca o seu instinto sexual, desinteressando-se pelas fêmeas. Além disso, ainda pode provocar alterações no seu corpo, quando a castração é feita quando ele ainda é muito novo.

CAPÍTULO 9

REPRODUÇÃO E CRIA DO SCHNAUZER

Toda criação de cães, inclusive de Schnauzers, tem que se basear nos 4 itens seguintes: 1 – bons reprodutores machos e fêmeas; 2 – boa alimentação; 3 – instalações adequadas e 4 – um bom manejo.

MACHOS OU PADREADORES E A SUA SELEÇÃO

Como os machos transmitem aos seus filhos, as suas boas características ou os seus defeitos, da sua escolha ou seleção depende, em grande parte, a qualidade dos cães obtidos e da criação. Portanto, é deles que depende a qualidade das ninhadas e da criação, em geral, em relação a fatores genéticos ou raciais e a outros como produtividade, embora também das fêmeas dependa, em grande parte, a qualidade dos filhotes e, em conseqüência, o sucesso da criação, como poderemos verificar mais adiante.

É pelos motivos expostos, que os reprodutores devem ser puros e de elevado padrão, bem acima da média da sua raça; ter os órgãos genitais perfeitos e as suas funções sexuais normais, estando o seu aparelho reprodutor funcionando normalmente. Eles devem, também, ser precoces; sadios; de ninhadas numerosas; bem conformados; rústicos; de constituição robusta; musculosos; não muito gordos; vivos, ágeis e impetuosos; devem ter o focinho úmido; não apresentar corrimentos, pus, calombos, etc., pelo corpo; possuir pêlos e subpêlos de acordo com o padrão da sua raça, variedade ou cor; devem estar com a idade indicada para a reprodução e não muito jovens; não devem ser velhos, para que possam ser aproveitados na reprodução, durante mais tempo; suas características sexuais devem ser bem acentuadas; não devem apresentar defeitos genéticos como prognatismo, displasia coxofemo-

Fêmea Minischnauzer sal-e-pimenta, com ninhada. Criadora: Suzanne Blum. Canil Haus-Viking. São Paulo-SP.

Sely. Fêmea Minischnauzer com seus filhotes. Criadora: Deolinda Teixeira. Canil Don Clar's. São Paulo-SP.

ral, aprumos defeituosos, criptorquidia, monorquidia, etc., e que não sofram de nenhuma doença infecciosa, parasitária ou orgânica.

Devemos ainda, verificar os pedigrees dos reprodutores a serem selecionados, para conhecermos os seus ascendentes (pais e avós), descendentes (filhos e netos) e colaterais (sobrinhos e tios) porque, dispondo desses elementos, poderemos fazer uma seleção bem melhor de filhotes de elevado padrão racial e funcional.

Em uma boa criação, os reprodutores devem ser muito bem controlados, porque isso possibilitará, também, uma seleção mais rigorosa, cujo resultado será a melhoria da criação. Para isso, no entanto, necessário se torna que todos os cães sejam identificados individualmente, por um nome e um número, para que seja possível fazer um controle rigoroso da sua vida, da sua reprodução, da sua produtividade, da sua descendência, etc.

FÊMEAS OU MATRIZES E SUA SELEÇÃO

Qualquer cadela que esteja com o seu aparelho reprodutor em perfeitas condições de funcionamento pode se reproduzir, mas só devem entrar para a reprodução, as que: possuam as suas características raciais bem acima da média; sejam sadias, vivas, bem desenvolvidas e bem conformadas; não estejam muito gordas; possuam pêlos e subpêlos, de acordo com o padrão da sua raça; já estejam em idade de reprodução; não sejam muito velhas, para serem aproveitadas durante mais tempo, na reprodução. É necessário, no entanto que, além disso, elas sejam, principalmente, fecundas, férteis, prolíficas, boas parideiras e boas criadeiras, tendo uma boa capacidade leiteira, para amamentar bem, os seus filhotes.

Todas essas características são muito importantes, sendo indispensáveis para que haja sucesso em uma criação de elevado nível zootécnico.

As cadelas devem produzir leite, no mínimo, durante 30 a 35 dias e, quando não o fizerem, devem ser descartadas da reprodução.

Embora entrem em reprodução mais cedo do que os machos, as fêmeas saem dela, mais cedo, porque as gestações e as lactações sucessivas exigem um desgaste muito maior do seu organismo.

As cadelas que não produzem filhotes de bom tamanho e peso normal; que sejam sadios, bem conformados e fortes e em ninhadas numerosas, ou quando seus filhotes são fracos, raquíticos e não apresentam um bom desenvolvimento, na desmama, devem ser descartadas da reprodução, porque esses fatos significam que elas são más reprodutoras ou más criadeiras, o que ocorre, muitas vezes, porque não produzem leite suficiente para alimentar os seus filhotes.

APARELHO REPRODUTOR MASCULINO

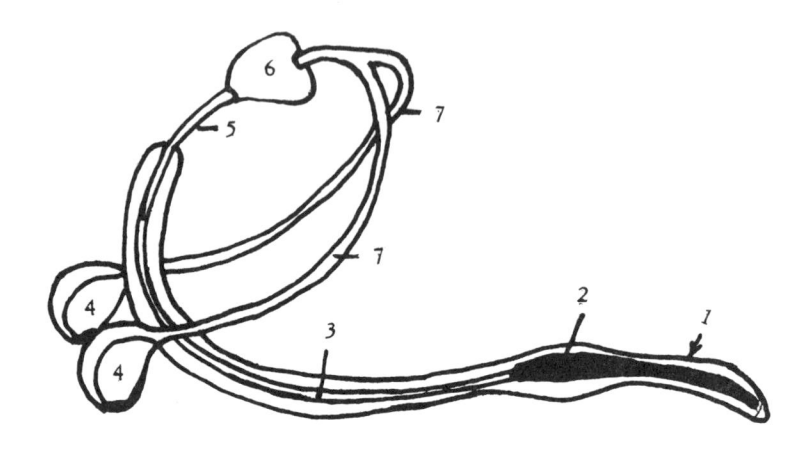

1 — Pênis 2 — Osso Peniano 3 — Uretra 4 — Testículos 5 — Uretra 6 — Próstata 7 — Canais Espermáticos

APARELHO REPRODUTOR FEMININO

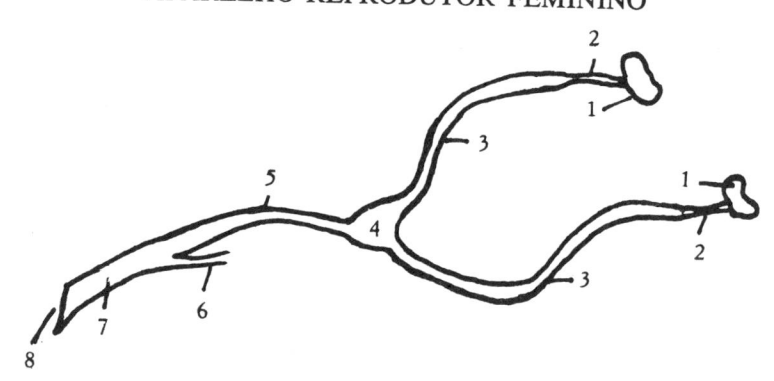

1 — Ovários 2 — Trompas uterinas 3 — Cornos do útero 4 — Útero 5 — Vagina 6 — Uretra 7 — Vestíbulo 8 — Vulva

As cadelas Schnauzers têm, geralmente, 2 partos por ano e com os seguintes números de filhotes: Schnauzer gigante – 8,7; Schnauzer Standard. 5,1 e Minischnauzer, 4,7 filhotes, em média, por parto. Ocorrem, no entanto, ninhadas bem mais numerosas.

IDADE ADEQUADA PARA A REPRODUÇÃO

Quando entram na puberdade, com 8 a 10 meses de idade, os Schnauzers já podem se reproduzir, porque atingiram a maturidade sexual: os machos já produzem espermatozóides e as fêmeas entram no seu 1º cio e já ovulam normalmente. Não aconselhamos, no entanto, a sua reprodução com essa idade, porque eles ainda são muito jovens, ainda não se desenvolveram totalmente. Por esse motivo, o desenvolvimento das cadelas poderá ser muito prejudicado pelos desgastes causados pela gestação e a lactação sucessivas, causando-lhes um desgaste físico muito grande e tanto maior quanto maior for a ninhada.

Outro fator contra a sua reprodução, nessa época, é que as cadelas muito novas não possuem, ainda, o instinto maternal desenvolvido, o que concorre para que elas, em alguns casos, não cuidem bem dos seus filhotes, como o fazem normalmente, podendo abandoná-los e até ter problemas de canibalismo, devorando, às vezes, alguns ou todos eles.

Pelas razões mencionadas, o primeiro acasalamento só deve ocorrer quando a cadela entrar no seu 2º cio, em geral 6 meses após o cio anterior.

Além de só colocar na reprodução machos e fêmeas de elevado padrão e rigorosamente selecionados, o criador deve controlar todas as etapas da sua reprodução, para que sejam obtidos os melhores resultados, principalmente em criações comerciais.

O acasalamento entre machos e fêmeas que sejam parentes, principalmente próximos, o que é denominado **consangüinidade,** deve ser evitado, ao máximo, porque, tanto soma as virtudes quanto os defeitos, sendo prejudicial, quando não é bem orientada e por pessoas que possuam grandes conhecimentos e experiência em genética.

CICLO SEXUAL OU ESTRAL DA CADELA

Ele se repete, em média, de 6 em 6 meses e se divide nas seguintes fases:
1 – proestro. Dura 9 dias. Nesse período, a cadela apresenta a vulva vermelha e inchada; urina com maior freqüência e apresenta perda de sangue (sangramento). A cadela atrai o macho mas não o aceita;

2 – estro ou cio. Sua duração é, também, de 9 dias. O sangramento pára, mas a vulva continua inchada. Ocorre a ovulação nos 2 ou 3 primeiros dias dessa fase. A cadela, não só aceita o macho, mas até o procura, para o acasalamento;
3 – metaestro. É a fase de regressão. Sua duração varia, sendo de mais ou menos 90 dias;
4 – anestro. É a fase de repouso dos ovários. Dura de 4 a 6 meses, terminando quando começa o novo ciclo estral ou sexual.

O CIO

O 1º cio só ocorre quando a cadela atinge a puberdade, isto é, a sua maturidade sexual o que, nos Schnauzers, acontece quando estão com 8 a 10 meses.

O cio, como já o mencionamos, dura, em média, 9 dias, mas esse período pode ir de 5 a 12 dias. É, provavelmente, no 2º ou 3º dia dessa fase que ocorre a ovulação.

Na prática, não há dúvida, o período do cio é o mais importante do ciclo estral ou sexual da cadela, porque é a sua fase fértil e na qual são realizados os acasalamentos, que devem ser feitos 2 a 3 dias após terminar o sangramento, ou seja, 11 a 12 dias, mais ou menos, do início da perda de sangue. Nesse período a cadela, não só aceita o macho, mas sai à sua procura, para ser acasalada.

Para sabermos quando termina o sangramento de uma cadela, é muito fácil: basta colocá-la para dormir sobre um pano ou lençol branco ou claro, porque todas as noites ele fica sujo de sangue. No 1º dia em que o lençol amanhecer "limpo", isso significa que o sangramento parou. Começamos, então, a contar 11 ou 12 dias do início do sangramento, para acasalar a cadela.

Entre as causas que podem provocar uma diminuição ou até mesmo a ausência do cio, temos: alimentação em excesso, defeituosa ou afrodisíaca; consangüinidade; distúrbios glandulares, etc. O contrário, também, pode ocorrer, pois quistos ovarianos, algumas doenças, etc., podem ocasionar um cio permanente nas cadelas que passam, por isso, a ser chamadas de ninfômanas, que vem ninfomania.

Quando uma cadela está com metrite, isto é, uma inflamação no útero, pode ter o seu período de sangramento com uma duração anormal.

As cadelas muito gordas, dificilmente têm os seus óvulos fecundados, concebem e entram em gestação. Gordura em excesso é, também, uma das causas, que tornam o parto difícil.

Um cuidado simples, mas que é muito importante, é a cadela, antes de entrar no cio, fazer um exame de fezes e tomar um vermífugo, para não transmitir vermes aos seus filhotes, logo após o seu nascimento.

PREPARANDO PARA O ACASALAMENTO

Como é um ato natural e necessário para que haja a reprodução, o acasalamento, em geral, se realiza normalmente. Quando, no entanto, a cadela e o cão são virgens, ele pode ficar bem difícil e a pessoa que está acompanhando ou vigiando os animais, tem que intervir para que ocorra o acasalamento. Na maioria das vezes, o problema é fazer com que o macho, sendo menor e mais baixo do que a cadela, possa "alcançar" a sua vulva, para que o seu pênis possa nela penetrar, realizando, assim, o acasalamento.

Para um macho novo, o melhor é ter uma cadela que esteja entrando no cio, para que possa ser feito um maior número de tentativas, para que se realize o acasalamento, sem que termine o período de ovulação da cadela.

Antes de juntarmos o casal, para a cobertura, devemos tomar alguns cuidados: não acasalar cadelas em seu 1º cio, mas somente do seu 2º cio, em diante; não sendo os cães mais ou menos da mesma idade, o melhor é acasalar uma fêmea mais velha e experiente, com um macho mais novo, ou então uma fêmea nova, jovem, principalmente quando ela é virgem, com um macho mais velho e já com bastante experiência; acasalar, de preferência, machos e fêmeas mais ou menos do mesmo tamanho para que, durante a cobertura, não haja nenhum problema pois, depois de "engatados", o maior pode sair "arrastando" o menor, o que lhe pode provocar lesões, às vezes graves, como fratura do osso peniano do macho ou um osso da bacia da fêmea. Essa diferença de tamanho pode trazer conseqüências durante o parto, pois os fetos podem nascer muito grandes para o tamanho da fêmea, porque o macho era muito maior do que ela; só acasalar cães em perfeitas condições de saúde e livres de parasitas externos ou internos (vermes) e vacinados; só acasalar cães que tenham todos os órgãos genitais perfeitos e que não apresentem defeitos, infecções, corrimentos, abscessos, tumores, cortes, ferimentos, etc.; quando necessário, amarrar o focinho da cadela ou colocar-lhe uma focinheira, para que ela não morda o macho e acasalar a cadela 2 a 3 dias após parar o seu sangramento.

Como alguns machos se distraem com facilidade, a cobertura deve ser feita, de preferência, em um ambiente sossegado e na presença, somente, da pessoa que está controlando o acasalamento.

Elke e **And**. Minischnauzers sal-e-pimenta. Criadora: Deolinda Teixeira. Canil Don Clar's. São Paulo-SP.

Zoogbi. Macho Minischnauzer. Cor: sal-e-pimenta. Criadora: Deolinda Teixeira. Canil Don Clar's. São Paulo-SP.

RITUAL DO ACASALAMENTO

Quando são colocados juntos, para o acasalamento, e o macho e a fêmea se encontram pela primeira vez, devemos agir da seguinte maneira: 1 – o macho, preso à guia, é mantido seguro, por uma pessoa e a cadela, também presa, mas à outra guia, é segura por uma outra pessoa, sendo eles mantidos separados e a uma certa distância um do outro, para que se vejam e para que possamos avaliar as atitudes que um toma em relação ao outro; 2 – se um tentar avançar sobre o outro, deve ser contido pela guia e acalmado com palavras; 3 – vamos deixando, aos poucos, que eles se aproximem um do outro, até que tentem se cheirar; 4 – se não mostrarem nenhum sinal de agressividade e até começarem a abanar a cauda, podemos afrouxar as guias para que eles se reconheçam melhor, o que fazem cheirando, principalmente as regiões anal e genital do seu parceiro; 5 – se não demonstrarem nenhuma animosidade ou tiverem alguma reação hostil e até, muitas vezes, abanarem a cauda, é sinal de que já se entenderam e que podemos soltá-los das suas guias, livres para que se acasalem, o que acontece quando a cadela está no cio; 6 – terminada a cobertura e após ficarem "engatados" por alguns minutos, o macho e a fêmea se separam normalmente, sem nenhum problema; 7 – separar o macho da fêmea, não mais os deixando juntos, até que seja decidida uma nova cobertura; 8 – fazer uma boa higiene, em ambos os animais, sendo que a da fêmea deve ser somente externa.

O acasalamento pode ser repetido 1 ou 2 vezes, mas a intervalos de 1 dia entre eles, o que é possível, porque a cadela ainda aceita o macho, durante mais uns 5 a 7 dias.

ACASALAMENTO OU COBERTURA

É o ato sexual normal e indispensável entre um macho e uma fêmea, possibilitando a fecundação dos óvulos, pelos espermatozóides que o macho ejacula na vagina da fêmea e sem o qual não pode haver reprodução e, em conseqüência, a criação. Ele se realiza, porque há uma atração sexual do macho pela fêmea e da cadela, por ele. Essa atração é estimulada por hormônios sexuais que provocam o "cheiro" típico da cadela, quando está no cio e que serve para atrair o macho. Ele deve ser feito, sempre, na presença de uma pessoa, para ela verificar se foi realizado normalmente e para intervir, tomando as devidas providências, quando necessário. Sua realização deve ser 11 a 12 dias depois de iniciado o sangramento da cadela, embora esse prazo possa variar pois, apesar de o melhor dia estar nesse período, não há um dia certo para a cadela conceber e entrar em gestação.

Podemos mencionar que os melhores dias para o acasalamento são aqueles nos quais a cadela, não somente recebe o macho, com mais facilidade, como até sai à sua procura e chega a montar nele e em outras cadelas "avisando", assim, que está no cio e super excitada. Um sinal típico de que está nesse estado de excitação, é ela levantar a cauda ou desviá-la para um dos lados, de forma especial, para seduzir o macho, porque ela está facilitando, assim, o acasalamento.

O acasalamento pode ser repetido 24 ou 48 horas, depois, para "garantir" a fecundação, pois ele pode ser realizado até 16 dias após o começo do sangramento.

Nos cães, ele dura, geralmente, 15 minutos a partir da penetração do pênis na vagina da cadela e até o macho e a fêmea se separarem normalmente, mas pode demorar mais tempo, até 30 minutos ou mais. É por isso que, quando um reprodutor é contratado para fazer um acasalamento, o "serviço" só é considerado satisfatório, quando o casal fica "engatado" durante 15 minutos, o que é muito importante, porque a ejaculação do cão é feita nesse período, lentamente e em gotas.

O acasalamento do cão apresenta uma característica muito importante, sobre a qual não podemos deixar de chamar a atenção dos interessados, principalmente da pessoa que acompanha o acasalamento, para controlá-lo e intervir, se considerar necessário. Referimo-nos ao seguinte fato: quando o pênis do cão penetra na vagina da cadela, ainda se encontra mais ou menos flácido ("mole") mas, assim que chega ao seu interior, entra em ereção total, ficando intumescido e rígido ("duro"). Além disso, o pênis do cão possui 2 protuberâncias ou "bolas", cada uma de um lado. Quando ele vai penetrando na vagina da cadela, essas "bolas", que ainda estão, também, um pouco "moles", vão se ajustando e passam entre os ossos pélvicos, entrando, também, na vagina. Quando elas já penetraram na vagina e o pênis entra em ereção total, elas, também, aumentam de tamanho e ficam duras, não deixando o pênis sair: é por isso, que casal fica engatado e só pode se separar, normalmente, quando a ereção vai diminuindo e o pênis e as bolas vão ficando mais moles e menores, podendo passar, novamente, entre os ossos pélvicos da cadela e sair da vagina, permitindo que o macho e a fêmea se separem normalmente. Por esses motivos, quando o macho e a fêmea estiverem engatados, devem ser deixados sós e bem sossegados porque, se forem espantados, podem se movimentar e até sair correndo, um deles arrastando o outro, tentando se separar antes da hora, o que lhes provoca dores, sofrimentos, ferimentos ou lesões graves e até fraturas do osso peniano do cão ou dos

TRONCO DE COBERTURA

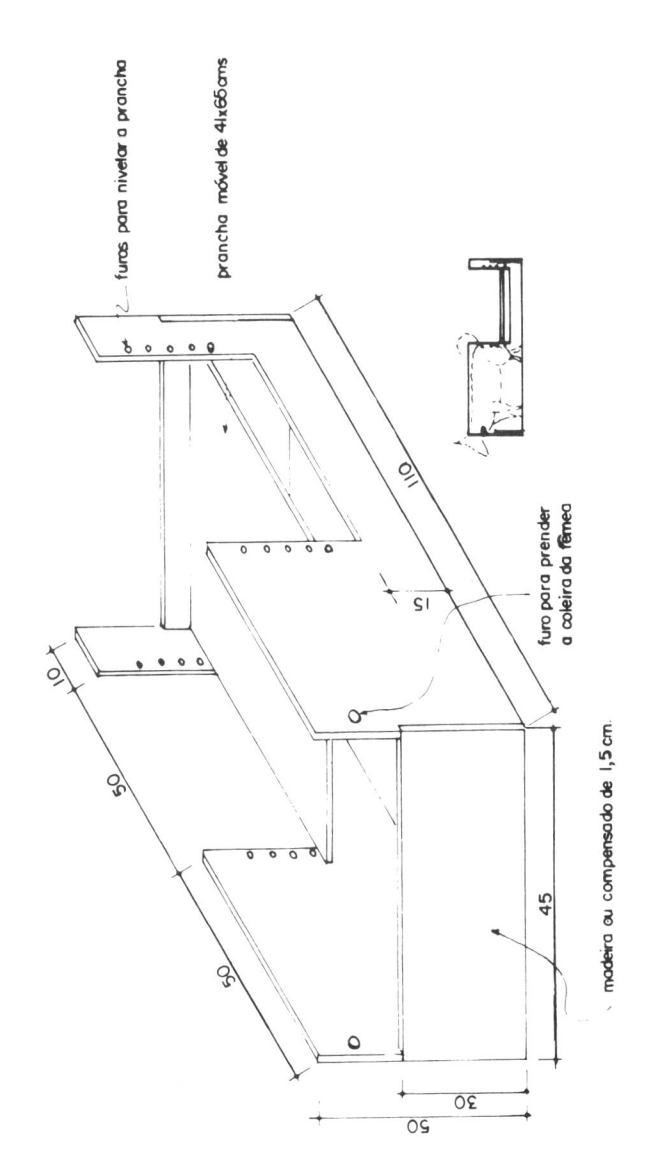

- furos para nivelar a prancha
- prancha móvel de 41x65cms
- furo para prender a coleira da fêmea
- madeira ou compensado de 1,5 cm.

110 · 15 · 10 · 50 · 45 · 50 · 30 · 50

ossos da bacia da cadela. O acasalamento, no entanto, é, em geral, realizado normalmente, sem nenhum problema.

É importante, ainda, que o macho e a fêmea não fiquem juntos, por vários dias, mesmo que a cadela esteja no cio, por não ser necessário e porque só provocaria esgotamento, principalmente no macho.

APÓS O ACASALAMENTO – CUIDADOS

Quando termina o acasalamento com um determinado macho e o casal se separa, a providência mais importante é evitar que outro macho se aproxime da cadela, porque ele pode acasalá-la e também fecundá-la, o que traria problemas sérios, inclusive prejuízos para o criador, porque depois, ele não poderia afirmar qual seria o pai dos filhotes ou se nasceriam, na mesma ninhada, filhos dos 2 machos que cobriram a cadela (superfecundação).

Após a cobertura e terminado o período de cio, a cadela volta à sua vida normal, até que fique provado que ela entrou em gestação.

IMPOTÊNCIA SEXUAL

Quando uma cadela no cio, é colocada junto a um macho, para ser acasalada, pode ocorrer, embora seja relativamente raro, que, por mais que ela facilite tudo, para ser coberta, inclusive montando sobre o macho, este nem se interesse por ela, sexualmente, não havendo, por isso, o acasalamento. Essa indiferença sexual do macho pode se relacionar com um sério problema psíquico, porque o cão foi criado na mamadeira, desde cedo, cercado de todo afeto, carinho e amor, por uma família, mas sem sair da sua casa ou do apartamento em que vive, não havendo tido, por isso, qualquer contato com outros cães. O que ocorreu, na realidade, foi que, devido ao seu tipo de vida, o cão se integrou, totalmente, à família que o criou e da qual, na prática, ele passou a fazer parte e a considerar, realmente, como sua: ele se considera, mesmo, um membro da espécie humana, perdendo todo o contato com os da sua espécie e, com isso, o interesse, inclusive sexual, por outros animais da sua espécie, mesmo que sejam fêmeas no cio, pois ele as considera de outra espécie.

O problema da impotência sexual pode, no entanto, ser provocado, também, por doenças infecciosas, parasitárias ou orgânicas; anomalias; má alimentação, etc., impossibilitando o macho de fazer acasalamentos.

PRENHEZ OU GESTAÇÃO

Uma cadela só pode entrar em gestação se os seus óvulos forem fecundados pelos espermatozóides, através do acasalamento, pela inseminação artificial ou pela fecundação "in vitro", na pipeta, em laboratório, formando os ovos fertilizados, inclusive pelo processo da clonagem.

A gestação começa, exatamente, no momento da **nidação,** ou seja, no exato momento em que os óvulos já fecundados e portanto, já transformados em ovos fertilizados, se fixam dentro do útero e termina quando nascem os filhotes. É, portanto, pela gestação, que ovos fertilizados se transformam em embriões e estes em fetos, cada um deles dentro de uma bolsa d'água independente, na qual eles nascem e da qual são retirados pela cadela, que as rasga com os dentes.

PERÍODO DE GESTAÇÃO

Vários são os fatores, inclusive individuais e raciais, que podem influir na duração do período de gestação das cadelas. Na raça Schnauzer, ele é, normalmente, de 63 dias, contados a partir do dia do último acasalamento. Esse período, no entanto, pode variar uns 5 a 6 dias, para mais ou para menos, principalmente de acordo com o número de fetos, pois quanto maior o seu número, menor será o período de gestação e quanto menor a ninhada, maior será ele. Filhotes nascidos 6 dias antes da data prevista para o parto, geralmente não sobrevivem.

SINAIS DE FECUNDAÇÃO E DE GESTAÇÃO

Para que pessoas com pouca prática possam confirmar se a cadela entrou em gestação, são geralmente necessários 30 a 35 dias após o acasalamento pois, nos primeiros dias, ela não apresenta sintomas que indiquem que está prenha. Em alguns dias, no entanto, ela já pode dar sinais de uma possível gestação como, p. ex.: fica mais calma e começa a engordar; o seu modo de andar vai se alterando, aos poucos; começam a aparecer alterações no seu corpo, especialmente na barriga que vai se esticando e aumentando, principalmente para os lados.

No seu 2º mês, no final da gestação, as mamas vão aumentando e as tetas ficando maiores, mais grossas e quando são espremidas, sai delas um leite amarelado. Principalmente na última semana da gestação ou quando a

FECUNDAÇÃO

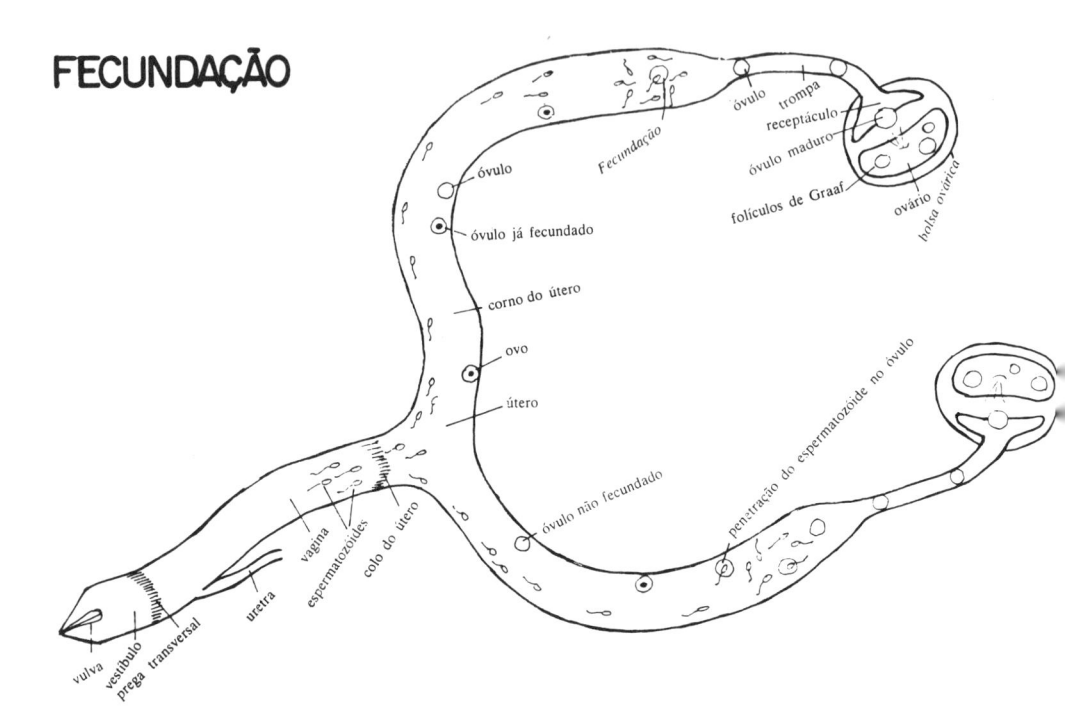

- óvulo
- trompa
- receptáculo
- óvulo maduro
- folículos de Graaf
- ovário
- bolsa ovárica
- óvulo
- Fecundação
- óvulo já fecundado
- corno do útero
- ovo
- útero
- óvulo não fecundado
- penetração do espermatozóide no óvulo
- vagina
- espermatozóides
- colo do útero
- uretra
- vulva
- vestíbulo
- prega transversal

⟶ Sentido de direção dos espermatozóides.
⟵-- Sentido de direção dos óvulos e dos ovos.

cadela deita de lado, o movimento dos fetos pode ser verificado, com facilidade, pelo lado externo da sua barriga.

Usando um estetoscópio ou mesmo o ouvido, podemos escutar as batidas dos corações dos fetos. Embora seja um ótimo método para o diagnóstico da gestação da cadela, a palpação ventral deve ser feita com todo o cuidado, para evitar problemas, muitas vezes graves, como traumatismos nos fetos.

ULTRASSONOGRAFIA

Esse método de diagnóstico permite que, 21 dias após o acasalamento, já seja possível verificar, com segurança, se uma cadela entrou em gestação. É, no entanto, necessária uma aparelhagem especial para isso.

GESTAÇÕES ANORMAIS EM CADELAS

Temos, entre elas: 1 – gestações extra-uterinas, sendo que as localizadas nas trompas de Falópio são de alto risco para a vida da cadela; 2 – aborto, que é a expulsão dos fetos do organismo da cadela, antes do tempo normal para o parto e quando eles ainda não são viáveis, isto é, não estão em condições de sobreviverem; 3 – formação de fetos anormais ou monstruosidades; 4 – reabsorção de fetos que morrem no útero, com 30 a 45 dias de gestação e 5 – fetos que morrem e que ficam mumificados, no útero da cadela.

EXERCÍCIOS PARA A GESTANTE

A cadela em gestação deve fazer exercícios diários, porque estimulam a sua respiração e a sua circulação sangüínea; o funcionamento dos seus intestinos, o que evita a prisão-de-ventre (constipação) e exercitam toda a musculatura do seu corpo, deixando-a em melhores condições físicas, o que a vai ajudar, muito, durante os trabalhos de parto. Além disso, quando a cadela é bem alimentada, esses exercícios fazem com que ela não engorde muito, facilitando bastante, o parto, porque gordura demais dificulta o nascimento dos filhotes, aumenta o seu sofrimento e faz a cadela sofrer mais.

Principalmente nas últimas semanas antes do parto, a cadela deve fazer alguns exercícios, mas não pode se cansar muito, para que esteja bem descansada física e psicologicamente, quando o parto chegar.

ALIMENTAÇÃO E GESTAÇÃO

No 1º mês de gestação, a cadela pode continuar a se alimentar normalmente, como antes de ser acasalada. Como, durante o período de gestação, ela tem que manter o seu próprio organismo e ainda formar e alimentar os seus fetos, além de os amamentar depois que nascem tendo, para isso, que produzir muito leite, é indispensável que, no seu 2º mês de gestação, ela passe a receber maior volume de alimentos, ou seja, alimentos extras e vitaminas. Sua alimentação deve ser adequada, sadia, limpa, fresca mas não gordurosa e nem em excesso, para que não ocorra nenhum problema alimentar e para que a cadela não engorde muito. Além disso, ela deve ser bem balanceada ou equilibrada e composta por proteínas, hidratos de carbono, sais minerais e vitaminas.

Podemos mencionar, como alimentos para a cadela, as rações balanceadas comerciais, cereais, farinhas, verduras, carnes, peixes, leite, ovos, etc.

No 2º mês de gestação, a cadela deve receber 2 refeições ao dia, somando uma quantidade total de alimentos 20 a 30% maior do que a que ela recebia antes desse período, porque o desenvolvimento dos fetos é muito grande e rápido, exigindo quantidades maiores de elementos nutritivos. Devemos, no entanto, evitar uma superalimentação, para que a cadela não engorde muito. Ela deve receber, também, diariamente, um complexo de vitaminas e de sais minerais, além de ter, sempre, à sua disposição, água limpa, fresca e à vontade.

Uma alimentação insuficiente ou deficiente em quantidade ou qualidade ou a falta de água podem provocar problemas, às vezes graves, para a cadela gestante ou em lactação.

Quando, durante a gestação, surgir algum problema como, p. ex., abatimento, falta de apetite, tristeza, excitação, febre, corrimento vaginal com ou sem sangue ou pus, a cadela deve ser levada, imediatamente, ao médico veterinário, para exame e para que sejam tomadas as providências necessárias, para evitar um possível aborto.

PSEUDO-GESTAÇÃO, GESTAÇÃO PSÍQUICA OU FALSA GESTAÇÃO

Uma cadela no cio, depois de coberta por um macho sadio, apresenta todos os sintomas de que está prenha: fica mais calma; engorda; a sua barriga vai aumentando; suas mamas e tetas crescem, engrossam e quando são espremidas, sai delas um leite amarelado. Passado, porém, o período de gestação, que na raça Schnauzer é de 63 dias, mas que pode variar de 5 a 6 dias para mais ou para menos, a cadela não dá nenhum sinal de parto próximo e nem entra em trabalho de parto.

Os dias se passam, não nascem os tão desejados filhotes, ela começa a emagrecer e volta a seu estado normal, não apresentando nenhum sintoma de gestação e "arrasando" com todas as esperanças do nascimento de uma linda e numerosa ninhada.

O que aconteceu é que não houve, realmente, nenhuma gestação, mas apenas uma falsa gestação ou gestação psíquica, porque a cadela foi acasalada normalmente, mas por um macho estéril ou por haver montado sobre um macho ou até mesmo, sobre uma fêmea ou por haver sido por ela montada e haver tido o orgasmo, o que desencadeou o seu mecanismo da reprodução, fazendo-a "pensar" que estava prenha, e apresentando, por isso, todos os sintomas de uma gestação normal.

A providência a ser tomada, no caso de uma falsa gestação, é esperar que a cadela entre novamente em cio, para que seja acasalada, mas com um macho comprovadamente fértil e fecundo.

MORTE DE FETOS

Mesmo sendo acasalada por um bom macho e entrando, normalmente, em gestação, a cadela pode ter essa gestação interrompida, caso os embriões morram no interior do seu útero. Acontece às vezes que, embora a cadela não mais esteja em gestação, sua mente ainda está condicionada a esse estado e a cadela "pensa" que ainda está prenha e, por isso, continua a apresentar todos os sintomas de uma falsa gestação, por uma outra causa psíquica, mas cujos sintomas só desaparecem na época em que se daria o parto normal que, no entanto, não ocorre. Desaparecendo os sintomas da falsa gestação, a cadela volta ao seu estado normal, físico e psicológico.

A morte dos embriões pode ser provocada por: consangüinidade estreita, isto é, entre parentes próximos; fatores letais; doenças, intoxicações, etc.

A FALSA GESTAÇÃO E O LEITE

Quando vai chegando a época em que ocorreria o parto, as mamas e tetas da cadela em falsa gestação, vão crescendo e ficando mais vermelhas, túrgidas, começam a produzir leite e ficam cheias, porque não há filhotes para mamar, o que provoca fortes dores nas mamas, fazendo a cadela sofrer muito. Para aliviar esse seu sofrimento, devemos colocar sobre as suas mamas, panos quentes ou compressas, também quentes, e fazer massagens sobre toda essa região. Devemos, também, o que é melhor, "tirar" um pouco de leite da cadela, para esvaziar as suas mamas e aliviar o seu sofrimento. Essas ordenhas ou "tiradas", no entanto, podem fazer aumentar a produção de leite e, em certos casos, a cadela pode, até mesmo, ser aproveitada como ama-de-leite de filhotes órfãos ou excedentes, de outras ninhadas.

CADELA ESTRAGADA OU VENTRE SUJO

Algumas pessoas acreditam que se uma cadela pura, de uma raça, for coberta por um macho de outra raça ou por um cão mestiço ou sem raça definida, fica "estragada" ou com "o ventre sujo" e que, por isso, mesmo que depois, em outro cio, seja acasalada por um excelente reprodutor da sua raça, não terá bons filhotes. Tal afirmação ou crença está completamente errada, porque uma gestação, sob o aspecto do seu fator genético ou hereditário, nada tem que a relacione com as gestações anteriores ou com as seguintes, como verificaremos.

Quando uma cadela entra no cio e ovula, produz um certo número de óvulos maduros que, dos ovários, vão para as trompas, nas quais são fecundados pelos espermatozóides ejaculados pelo macho, na sua vagina, durante a cobertura. Alguns desses óvulos se transformam em ovos férteis que vão para o útero, no qual de fixam, ocorrendo a **nidação** e iniciando-se, assim, a gestação.

Os óvulos que não foram fecundados e os espermatozóides que "sobraram" morrem dentro de algumas horas, não restando depois, nenhum vestígio da sua existência, ficando a cadela completamente livre de qualquer elemento reprodutor masculino ou feminino, ou seja, dos espermatozóides e dos óvulos, impossibilitando qualquer interferência desses espermatozóides e óvulos e mesmo de ovos férteis que não se desenvolveram, em uma gestação futura, porque eles não mais existem, havendo sido totalmente destruídos e eliminados do organismo da cadela. Pelos motivos expostos, portanto, a cadela fica totalmente "limpa" e, por isso, não há possibilidade alguma de o macho que a acasalou, em um cio, influir, seja de que maneira for, em uma outra fecundação ou gestação, 6 meses depois porque, realmente, e como já o mencionamos, não há condições de os espermatozóides, os óvulos e os ovos sobreviverem no interior da cadela durante 6 meses, até que ela entre outra vez, no cio e fique em condições de fecundação e de entrar em gestação. Como é pelos cromossomos que os espermatozóides possuem, que o macho transmite as suas características a seus filhos, se na época do cio seguinte não mais existem espermatozóides do macho que fez a cobertura anterior, é impossível que ele possa influir em uma nova gestação que a cadela teria, no mínimo, 6 meses depois.

ABORTO

É a expulsão dos fetos, do útero materno, antes de eles completarem a sua formação e estarem em condições de sobreviverem. Não é muito comum em cadelas, embora elas possam ter o **aborto natural**.

Entre as causas de abortos, temos: consangüinidade; pancadas; quedas, calor muito forte; doenças infecciosas, parasitárias e orgânicas; fêmeas acasaladas com machos com blenorragia; sustos provocados por barulhos súbitos ou elevados, como tiros, gritos, bombinhas, explosões, etc.; presença de animais estranhos, principalmente selvagens; cadelas prenhas muito novas; acasalamentos com machos muito novos; intoxicações alimentares ou medicamentosas; envenenamentos; prisão-de-ventre (constipação), por defeitos de alimentação como, p. ex., o abuso de grãos e farelos; alimentação insuficiente ou defeituosa; alimentos de má qualidade; gordura excessiva, etc.

Quando uma cadela aborta, deve ser isolada, imediatamente, e examinada por um médico veterinário, para exame e diagnóstico da causa do aborto, porque ele pode ser de origem infecciosa, podendo contaminar outras cadelas.

Temos, também, o **aborto provocado**, mas não por problemas causados pelo organismo da cadela ou do macho, mas somente pelo desejo do dono da cadela, quando ele não quer que ela tenha os filhotes porque, em geral, foi acasalada contra a sua vontade e, principalmente, quando o acasalamento foi feito por um macho de outra raça, mestiço, defeituoso ou portador de alguma doença. Nesse caso, a cadela deve ser levada imediatamente após o acasalamento, ao médico veterinário, para que ele faça uma intervenção, evitando a nidação, ou seja, a fixação do ovo fertilizado, no útero da cadela e antes, portanto, que se inicie a gestação, o que seria possível até 2 dias após o acasalamento. Quando for o caso, o aborto deve ser provocado, o mais rapidamente, possível.

O aborto pode ser provocado, praticamente, durante todo o período de gestação da cadela mas, o melhor, mesmo, é que ela tenha, normalmente, a sua ninhada, em um parto natural.

Fêmea Minischnauzer com ninhada. Cor: sal-e-pimenta. Criadora: Deolinda Teixeira. Canil Don Clar's. São Paulo-SP.

Natacha. Fêmea Minischnauzer. Idade: 3 anos. Criadora: Deolinda Teixeira. Canil Don Clar's. São Paulo-SP.

CAPÍTULO 10

PARTO

A CADELA PODE FICAR BRAVA

Mesmo uma cadela muito mansa, quando entra em gestação, pode mudar o seu comportamento em relação às pessoas, inclusive as mais chegadas a ela, delas se afastando; diminuindo suas demonstrações de amizade e até demonstrando uma agressividade mais ou menos intensa contra elas. Essa mudança de atitudes pode ser ainda mais acentuada, quando nascem os filhotes, sendo até perigosa, porque a cadela pode se tornar até muito brava ou feroz, atacando qualquer pessoa que se aproximar do seu ninho, exceto as pessoas que têm, com ela, um contato diário.

Ela age dessa maneira, por instinto, e principalmente nos 3 primeiros dias após o parto, para proteger os filhotes, dos quais tem muito ciúme. Devemos deixar a cadela sossegada, em seu ninho porque, quando ela é muito incomodada pode: ficar sem leite para amamentar os filhotes; enjeitar os seus cãezinhos ou até mesmo os devorar (canibalismo)

PREPARANDO PARA O PARTO

Quando a cadela estiver no 2º mês de gestação, devemos ir tomando algumas providências para prepará-la para o parto, entre as quais: raspar ou cortar os pêlos das suas regiões genital e mamária, para facilitar a sua higiene pré-natal, o parto e as mamadas dos filhotes; acomodá-la em uma instalação adequada, higiênica e quente, o seu **ninho**, para que nele se realize o parto, tendo ela sossego suficiente para que os seus filhotes nasçam normalmente e ela os possa aí manter até à desmama; proporcionar-lhe toda a assistência física e psíquica, ajudando-a durante o parto, mas somente se for, mesmo, necessário;

manter sempre uma temperatura ambiente entre 28 e 32°C, mesmo que seja artificial, com lâmpadas comuns ou infravermelhos, aquecedores elétricos, etc., para o conforto e o desenvolvimento dos filhotes, nas suas primeiras semanas de vida, pois o calor é muito importante para eles, porque sofrem muito com o frio, que é uma das causas mais comuns de mortalidade entre os filhotes. Passada essa fase, a temperatura pode ser baixada para 23 a 25°C.

Quando a cadela vive fora da casa do dono, o parto pode ser realizado dentro da sua casinha, desde que ela apresente condições satisfatórias de higiene, temperatura e conforto; que já exista nela, um bom ninho e que ela possa depois, comportar normalmente, a cadela e os seus filhotes, até à desmama. Em um canil, no entanto, não há problemas de instalações porque, normalmente, já existe nele uma boa maternidade.

O melhor é que a cadela comece a dormir no ninho, alguns dias antes da data prevista para o parto, para que vá se acostumando com ele e as novas instalações.

O NINHO

É muito importante e indispensável, mesmo, para que a cadela tenha nele, os seus filhotes e os possa aí manter até serem desmamados. Quando é colocado dentro da casa do criador, pode ser preparado em uma cesta, em uma caixa de papelão ou em um caixote de madeira lisa e, de preferência impermeabilizada. Ele deve ter, no fundo, cobertores, panos e até papéis ou jornais, de acordo com o local em que se encontra e com a temperatura ambiente.

Tamanho. Deve ter, pelo menos, uma vez e meia o comprimento da cadela, para que ela possa se deitar dentro dele, completamente esticada e bem acomodada para amamentar os filhotes. Deve ter espaço suficiente, também, para a cadela se movimentar livremente, dentro dele, e os filhotes poderem se espalhar ou circular à vontade, no seu interior.

O seu fundo não deve ser escorregadio ou muito liso, podendo ser áspero, mas sem farpas, para não ferir as patas dos filhotes ou da cadela, ou então forrado com panos grossos ou sacos ásperos, papelão, papel, jornal, palha ou grama seca, etc., para evitar que os filhotes nele escorreguem e sofram acidentes que podem provocar luxações, abertura de patas, fraturas, etc.

O ninho pode ser, também:

1 – aberto ou sem tampa, com a parte da frente mais baixa, para facilitar a entrada e a saída dos filhotes. O ninho desse tipo só deve ser usado em ambientes fechados ou em regiões de clima quente. Nos dias mais frios, no

CAIXA E CASINHA – MATERNIDADE.

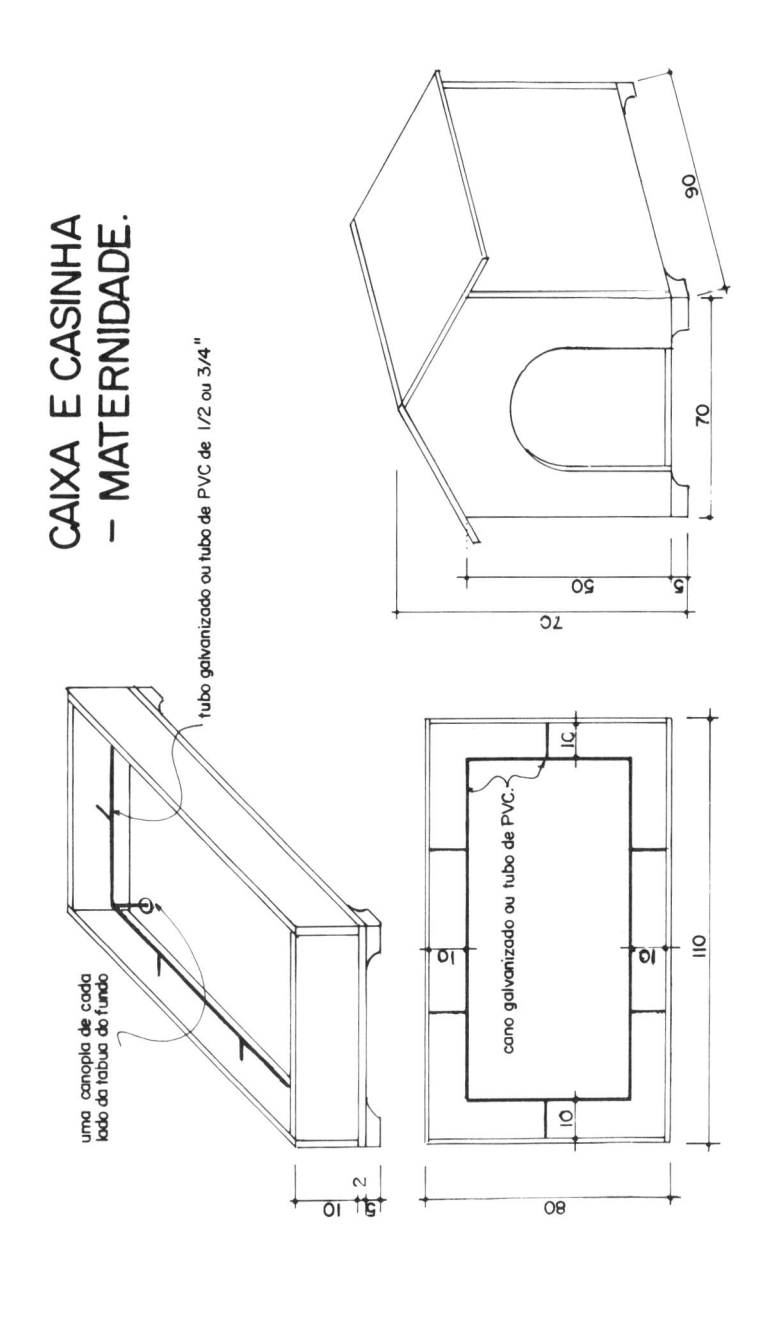

tubo galvanizado ou tubo de PVC de 1/2 ou 3/4"

uma canopla de cada lado da tabua do fundo

cano galvanizado ou tubo de PVC.

entanto, devemos empregar algum tipo de aquecimento, para que a temperatura ambiente se mantenha entre 28 a 32 °C, durante o parto e ainda por mais alguns dias;

2 – fechado ou com tampa. Esse tipo deve ter uma altura suficiente para que a cadela possa ficar em pé, dentro dele, e se movimentar com facilidade. Sua tampa deve ser presa a ele, por dobradiças, para que se alguma pessoa ou a cadela nela esbarrarem, ela não caia sobre os filhotes, ferindo-os e até os matando. Quando necessário, este ninho dever ter aquecimento artificial.

CONTRA ESMAGAMENTOS NO NINHO

Ocorrem, às vezes, ferimentos, fraturas em filhotes, e até a sua morte, por asfixia ou esmagamento causados pela cadela que, apesar de todo o cuidado e carinho com que trata os filhotes pode, sem o perceber, e com o seu próprio corpo, ao se deitar, imprensar algum deles em uma das paredes do ninho ou da maternidade.

Para evitar esses acidentes, basta colocar um cano de plástico ou PVC de 1/2 ou 3/4 de polegada de diâmetro ou uma barra roliça de madeira, com o mesmo diâmetro, como um cabo de vassoura, presos por suportes, ao longo das paredes internas do ninho e delas distanciados uns 15 a 20cm e com uma altura do piso, de também uns 15 a 20cm. Esse cano ou essa barra podem ser substituídos por uma prateleira de madeira de 15 a 20cm o que, no entanto, não aconselhamos, porque o filhote pode nela subir e cair na hora em que a cadela está se deitando, podendo ser imprensado.

Com esses canos nas paredes do ninho, os filhotes ficam protegidos dos acidentes mencionados, porque a cadela não pode deitar ficando encostada nas paredes, e mesmo quando se encosta nos canos ou na prateleira, ainda fica um espaço livre entre o seu corpo e as paredes, no qual os filhotes podem ficar, sem haver perigo de eles serem imprensados ou esmagados.

NINHO – HIGIENE

O ninho deve estar sempre o mais limpo e seco, possível, para que nele seja mantida a mais rigorosa higiene, o que evita a proliferação de bactérias, fungos, vermes, etc., que podem atacar a cadela e seus filhotes, provocando uma série de doenças.

A cadela é muito limpa e cuida muito bem do ninho, enquanto permanece nele, com a ninhada, fazendo muito bem a sua limpeza e o conservando sempre limpo. Apesar disso, o criador deve inspecioná-lo cuidadosamente, para tomar as medidas de higiene e limpeza que se fizerem necessárias.

ACOMPANHANTE DURANTE O PARTO

Principalmente quando é o 1º parto da cadela, a presença do acompanhante é muito importante, para que ela se sinta apoiada e protegida e fique mais calma. A pessoa que vai assisti-la, no entanto, deve ser calma, pois transmite o seu estado de espírito, à cadela, influindo no seu comportamento durante o parto, no tratamento que ela dispensa aos filhotes recém-nascidos e até mesmo na sua produção leiteira e na amamentação dos seus filhotes.

É importante, também, a pessoa intervir para ajudar a cadela ou os seus filhotes, somente em caso de necessidade.

MATERIAL NECESSÁRIO

Logo que a cadela entra em gestação, o seu dono deve começar a providenciar todo o material de que poderá necessitar para atendê-la antes, durante e depois do parto, inclusive material cirúrgico como tesouras, bisturi, pinça hemostática, fios para suturar ou "amarrar" os cordões umbilicais dos filhotes; toalhas para limpar a cadela e enxugar os filhotes; algodão hidrófilo; desinfetantes como mertiolate, mercurocromo, iodo, etc.

PARTO

É a expulsão dos fetos do organismo da cadela, após haverem completado o seu desenvolvimento no útero da gestante, tornando-se viáveis, ou seja, em condições de sobreviverem após o nascimento. É provocado pelas contrações abdominais e uterinas, sendo que estas últimas são controladas por determinados hormônios e pelos movimentos reflexos dos fetos e são elas que provocam as dores do parto.

As cadelas Schnauzers Gigantes, Standards e Miniaturas têm, em geral, partos normais e, em média, 63 dias após o acasalamento, embora esse período possa variar em alguns dias para mais ou para menos.

Quando vai se aproximando o dia do parto, as mamas da cadela vão aumentando de tamanho, ficam inchadas, duras e, quando espremidas, sai delas um leite amarelado. O parto, geralmente, ocorre durante a noite, mas pode ocorrer a qualquer hora do dia ou da noite.

SINAIS DE PARTO PRÓXIMO

Pelo menos uns 6 a 10 dias antes da data prevista para o parto, a cadela deve ficar sob uma vigilância constante, porque ele pode se antecipar e ocorrer uns dias antes da data prevista, causando alguns problemas.

Quando houver suspeita de que pode ocorrer um parto prematuro, a primeira coisa a fazer é medir a temperatura retal, da cadela: se estiver abaixo de 38,5 °C, que é a normal, chegando somente a 37,5 °C ou 37 °C existe, realmente, a possibilidade de que o parto se realize.

É necessário levarmos em consideração, também, que 12 horas antes, mesmo em partos normais, a temperatura da cadela baixa para menos de 37,8 °C e que varia de 36 a 37 °C.

Quando o ventre da cadela "baixa" e as pessoas dizem que "a barriga já desceu", isso é outro sintoma de que o parto está muito próximo e que deve ocorrer dentro de 2 ou 3 dias. Se a cadela começar a arranhar e a "cavar" a cama, é sinal de que o parto vai ter início, no máximo, dentro de 24 horas.

O DIA DO PARTO

Quando chega o dia do parto, a cadela fica angustiada e cada vez mais inquieta; pára de comer; anda de um lado para o outro, sem parar; procura lugares calmos, silenciosos, escuros e quentes, pois um ambiente adequado é muito importante para ela e os filhotes que vão nascer. Quando for necessário escurecer o interior do ninho ou evitar que ventos ou correntes de ar, nele penetrem, devemos colocar uma cortina na sua porta.

A cadela necessita de um ninho, chegando até a fazê-lo com panos ou papéis. Quando ela vive solta, chega até a cavar um buraco no chão, para construir um ninho, como o faziam os seus ancestrais selvagens.

OS TRABALHOS DE PARTO

Começam a aparecer as secreções vaginais ou "descarga" da cadela e vão aumentando para lubrificar, cada vez mais, a sua vagina, o que facilita a saída dos filhotes. Essas secreções deixam todo molhado o local em que se encontra a cadela.

A vulva da cadela fica mais inchada, maior, com maior elasticidade, e começa a apresentar contrações. Um tampão mucoso que fica no colo do útero se desprende para aumentar a lubrificação da vagina, para que os fetos deslizem por ela com maior facilidade. Nesse período do parto, o colo do útero vai se dilatando para facilitar a saída dos fetos, do útero para a vagina, pela qual são lançados para o exterior, saindo pela vulva, nascendo assim, os filhotes.

Quando começam as contrações uterinas e abdominais leves, que são facilmente notadas, seguidas de períodos de repouso ou relaxamento, é sinal de que o parto já começou. Elas vão ficando cada vez mais fortes e menos espaçadas, o que força a saída dos fetos do ventre da cadela e, portanto, o nascimento dos filhotes.

Normalmente, durante o parto, a cadela costuma olhar muito para a sua cauda, que ela lambe, nervosamente. Quando ela sente as "dores" ou contrações, geme, se contorce e, muitas vezes, se deita de lado. Na hora das contrações ela ajuda, fazendo força, para a expulsão dos fetos, para que eles nasçam mais rapidamente e ela sofra menos. Quando a cadela "não ajudar", o seu acompanhante deve estimulá-la a fazer força, para que os filhotes nasçam mais rapidamente e o parto termine em menos tempo, diminuindo o seu sofrimento e o dos filhotes.

Em partos muito demorados, a cadela pode ficar muito cansada, indo até à exaustão, o que torna necessária uma operação cesariana para salvar a sua vida e as vidas dos seus filhotes.

Normalmente, o primeiro parto da cadela é mais demorado do que os seguintes.

NASCIMENTO DOS FILHOTES

O primeiro sinal que o filhote apresenta, quando começa a nascer, é a saída da "água", isto é, do líquido amiótico, surgindo ele, logo depois, dentro de uma bolsa, sendo essa a 1ª "coisa" que aparece na vulva da cadela. Cada bolsa d'água contém somente um feto que, geralmente, nasce com apresentação cefálica, ou seja, do qual sai primeiro a cabeça, depois o ombro, o resto do corpo e, finalmente, as pernas traseiras. Também muito comum é a apresentação posterior, ou seja, de nádegas ou de cauda e, nesse caso, o parto geralmente é normal.

Podem ocorrer, também, algumas apresentações anormais, o que torna o parto difícil ou até impossível, exigindo uma intervenção cirúrgica.

Se o feto, p. ex., aparecer na vulva da cadela e não nascer dentro de 5 minutos, o acompanhante deve tentar tirá-lo, puxando-o com cuidado para não machucá-lo. Quando ele puder segurar as patas ou a cabeça do filhote que está nascendo, pode puxá-lo, durante as contrações, ajudando assim, a cadela, no parto, e o filhote a nascer mais rapidamente.

Quando a bolsa d'água arrebenta, o 1º filhote pode nascer em poucos minutos ou dentro de 1 ou 2 horas, depois de iniciados os trabalhos de parto. Embora variem muito, os intervalos entre os nascimentos dos filhotes são, normalmente, de 20 minutos a 1 hora.

Terminado o parto, deve ser feita uma palpação no ventre da cadela, para verificar se nasceram todos os filhotes e se não ficou nenhum feto no seu útero.

IMPORTANTE!

Se as contrações começarem e não nascer nenhum filhote dentro de, no máximo 2 a 3 horas, isso significa que está ocorrendo algo de anormal e a cadela deve ser examinada o mais rapidamente, possível, por um médico veterinário, porque pode ser necessária uma intervenção de emergência, para salvar os filhotes.

PROBLEMAS NO PARTO

Não são comuns, mas podem ocorrer. Quando, p. ex., a cadela não ajuda fazendo força nas horas das contrações, para a expulsão dos fetos, devemos induzi-la a contrair a barriga. Quando ela ficar cansada, sonolenta ou "mole", depois de um parto difícil, devemos reanimá-la dando-lhe um café com açúcar ou até um estimulante.

Quando a cadela não cortar o cordão umbilical do filhote ou não rasgar a bolsa d'água e retirá-lo de dentro dela, o seu acompanhante deve fazê-lo, imediatamente. Depois, ele pega o filhote, coloca-o de cabeça para baixo e lhe dá uma "palmadinha", para que ele comece a respirar normalmente. Deve, em seguida, limpá-lo e enxugá-lo bem, com uma toalha ou um pano seco e colocá-lo junto às tetas da cadela, para mamar.

Quando surgir algum problema durante o parto, por uma apresentação anormal do feto como, p. ex., de uma perna ou quando a bacia da cadela é muito estreita, dificultando, principalmente a passagem da cabeça do feto, o que ocorre mais nas raças de cabeça grande, o melhor é levar a cadela a um médico veterinário, para serem tomadas as providências indicadas. Devemos tomar a mesma providência, também e principalmente, nos seguintes casos: quando parecer que a cadela está sofrendo muito; os filhotes estão nascendo com muita dificuldade; os intervalos entre os nascimentos dos filhotes são muito longos; o número de filhotes nascidos é muito pequeno em relação ao tamanho da barriga da cadela; há muito tempo não nasce outro filhote e, ainda, quando a cadela não expelir a placenta.

Entre as providências imediatas que devem ser tomadas, quando o parto é muito difícil, temos: 1 – indução do parto, com a aplicação de hormônios e com sucesso, muitas vezes, até 12 horas após as contrações haverem começado; 2 – extração dos fetos, com o auxílio de instrumentos especiais; 3 – operação cesariana, para a retirada dos fetos; 4 – embriotomia, ou seja, o sacrifício dos fetos e a sua retirada e 5 – a histerectomia, que é a retirada total do útero, podendo os fetos serem salvos quando ela é feita a tempo de encontrá-los com vida.

Algumas intervenções rápidas devem ser feitas em determinados casos como, p. ex.: no de hipertrofia fetal, isto é, quando os fetos são muito grandes; teratológicos ou de monstruosidades, como fetos bicéfalos (2 cabeças), etc.; número muito grande de fetos (mais de 10), etc.

PLACENTA

Mais ou menos 15 minutos após o nascimento do último filhote, as contrações recomeçam, para que a placenta seja expelida do útero. Quando isso não acontecer, devem ser tomadas providências imediatas para a sua extração, porque a retenção de placenta pode provocar infecções uterinas e até a esterilização da cadela.

Quando, depois do parto, a cadela tiver febre, trata-se, geralmente, de uma infecção provocada por uma retenção de placenta ou de outros resíduos do parto.

ALGUNS CUIDADOS COM A CADELA

Logo que cada filhote nasce, a cadela, com os dentes corta, imediatamente, o cordão umbilical que a liga ao feto, através da placenta, rasga a bolsa d'água, retira o filhote de dentro dela e o lambe, vigorosamente, para limpá-lo e, principalmente, para ativar a sua respiração e a sua circulação sangüínea.

Terminada a limpeza do filhote e já estando ele respirando normalmente, ela o puxa com o focinho, para junto das suas mamas, para que, com maior facilidade, ele pegue uma teta e comece a mamar, o mais cedo possível, o que é indispensável para ele.

Após tomar todas essas providências, a cadela começa a comer a placenta e todas as matérias fetais, o que não é só um hábito seu, mas e principalmente uma necessidade, porque elas são ricas em proteínas, sais minerais e vitaminas, o que melhora bastante a sua alimentação, além de conter anticorpos específicos contra várias doenças, protegendo os filhotes, dessas enfermidades.

Principalmente no seu 1º parto ou quando ficam muito nervosas, algumas cadelas não cortam o cordão umbilical dos filhotes recém-nascidos e, às vezes, demoram para romper as bolsas d'água e retirá-los de dentro delas, podendo causar-lhes sérios problemas e até a sua morte, por asfixia. Nesse caso, o acompanhante deve intervir, imediatamente, cortando o cordão umbilical desses cãezinhos e os retirando de dentro da bolsa d'água. Para isso, ele deve: 1 – segurar o filhote, mas com a cabeça mais baixa do que o corpo; 2 – abrir, rasgando ou cortando a bolsa d'água, para o filhote respirar e retirá-lo, imediatamente, de dentro dela; 3 – enrolá-lo em uma toalha e enxugá-lo bem, começando pela cabeça; 4 – desobstruir as suas narinas e, ao mesmo tempo, ir fazendo massagens em todo o seu corpo, para ativar a sua respiração e a sua circulação sanguínea; 5 – cortar o seu cordão umbilical e 6 – colocá-lo junto às tetas da cadela, para que ele mame com mais facilidade.

Um outro hábito que possui a cadela é o de lamber a barriga e a púbis dos filhotes, para com isso estimulá-los a urinar e a defecar após as "refeições". Quando os cãezinhos são órfãos, o criador deve, com o mesmo objetivo, fazer massagens na barriga dos filhotes e isso até à época em que eles abrirem os olhos e depois começarem a andar.

CORDÃO UMBILICAL – COMO CORTÁ-LO

O cordão umbilical tem, como função: 1 – transportar o sangue arterial da cadela para o feto, para fornecer-lhe o oxigênio indispensável para a sua vida; todos os alimentos necessários para a formação e manutenção do seu corpo e outros elementos, inclusive para a sua proteção contra doenças e 2 – levar o sangue venoso do feto para a cadela. Uma das suas extremidades fica ligada ao umbigo do feto e a outra, à placenta, na cadela.

Nascido o filhote, o cordão umbilical perde a sua função, porque ele passa a respirar diretamente, o ar atmosférico e a se alimentar pela boca, ao mamar nas tetas da cadela. Como ele liga o filhote à cadela, deve ser cortado o mais rapidamente possível, para que o cãozinho fique livre e possa viver independente.

O corte do cordão umbilical deve ser feito do seguinte modo: 1 – desinfetar bem, toda a região do umbigo e do cordão umbilical usando, para isso, mertiolate, mercurocromo, tintura de iodo ou outro desinfetante; 2 – com os dedos, espremer o cordão umbilical, no sentido da cadela para o filhote, para que o sangue, nele existente, passe para o cãozinho; 3 – pegar um fio esterilizado ou desinfetado e amarrar, com ele, o cordão umbilical a uns 3 ou 4cm de distância do umbigo do recém-nascido, para evitar uma hemorragia, quando ele for cortado; 4 – cortar o cordão com uma tesoura, um bisturi ou canivete, próximo à linha que o está amarrando; 5 – tornar a desinfetar toda a região do umbigo e o pedaço do cordão umbilical que ainda ficou preso ao filhote e 6 – deixar no ninho, a placenta e os restos dos cordões umbilicais, para que a cadela os coma.

BOLSA D'ÁGUA – COMO ABRIR

Quando a cadela, com os dentes, não arrebentar a bolsa d'água, para o filhote respirar e depois não o retirar de dentro dela, como o faz, normalmente, para que ele possa respirar, o mais rapidamente, o ar atmosférico, o seu acompanhante deve fazê-lo, assim procedendo: 1 – com um objeto cortante ou até com os dedos, rasga a bolsa d'água, na região em que está o focinho do filhote, para que ele respire o ar, diretamente, evitando que ele morra asfixiado, dentro dela; 2 – retira o filhote de dentro da bolsa; 3 – amarra o seu cordão umbilical e 4 – deixa a bolsa dentro do ninho, para a cadela comer.

NÚMERO DE FILHOTES POR PARTO

Varia de acordo com vários fatores e, em geral, mais da fêmea do que do macho, pois: é do número de óvulos produzidos e maduros nos ovários; do número de ovos fecundados, isto é, transformados em ovos férteis; do número de ovos que se fixam no útero (nidação) e do número de ovos que completam o seu desenvolvimento, que depende o número de filhote nascidos.

Pelos motivos expostos, portanto, embora em uma só cobertura, o cão possa ejacular na vagina da cadela, mais de 600.000 espermatozóides, dela depende o número de filhotes em cada gestação.

Naturalmente, outros fatores podem influir para aumentar ou diminuir o número de filhotes nascidos. Temos, entre eles: número de ovos fertilizados; número de ovos que conseguem se fixar no útero (nidação), dando início à gestação; número de ovos que "morrem" após a sua fixação no útero; número de embriões mortos; número de fetos que não se desenvolvem e número de fetos que morrem no útero, mesmo depois de terem possibilidade de nascer e de sobreviver, isto é, que já eram viáveis.

Para aumentar o número de óvulos em um período de ovulação existem produtos especiais que, além disso, ainda concorrem para o amadurecimento de um maior número deles, aumentando, assim, a fecundação e, por isso, a prolificidade da cadela, ou seja, o número de filhotes que ela pode ter por parto. Podemos, também, com o mesmo objetivo, empregar um outro processo, ou seja, o de controlar o momento da cobertura, procurando realizá-la no período mais favorável da ovulação, repetindo o acasalamento 2 ou 3 vezes, nesse período, o que permite a fecundação de um maior número de óvulos, pois eles não se desprendem dos ovários, todos ao mesmo tempo.

O número de filhotes por ninhada ou por parto pode variar, e muito, devido a uma série de fatores como: estado de saúde da cadela; suas características de reprodução; alimentação; temperatura ambiente, clima, etc.

Normalmente, as fêmeas Schnauzers Gigantes têm, em média, 8,7 filhotes por parto, as Standards, 5,1 e as Miniaturas, 4,7.

APÓS O PARTO – PRIMEIROS CUIDADOS

Terminado o parto, após o nascimento do último filhote, devemos verificar: 1 – se a cadela cortou os cordões umbilicais de todos os filhotes; 2 – se os retirou da bolsa d'água, para não ficarem asfixiados; 3 – se os lambeu, para limpá-los e ativar a sua respiração e a sua circulação sanguínea; 4 – se ela está bem; 5 – se tem leite e se suas mamas e tetas são normais, estão perfeitas, em bom estado, sem ferimentos ou inflamações, o que é muito importante, porque se a cadela sentir dores fortes, pode não deixar os filhotes mamarem, fazendo-os passar fome. Além disso, esse problema seria maior se ocorresse, principalmente nos 3 primeiros dias após o nascimento dos filhotes, porque o 1º leite da cadela, após o parto, contém o colostro, muito importante nos primeiros dias de alimentação dos filhotes, porque ele tem um efeito laxativo suave, para limpar os intestinos dos cãezinhos, de uma pasta amarela, o **mecônio**, neles acumulada durante a sua vida intra-uterina. O colostro, além de ser o seu mais completo alimento, é importante porque contém anticorpos, protegendo os filhotes, de várias doenças.

Devemos, também, tirar a cadela do ninho, por alguns minutos, para ela descansar a fazer as suas necessidades. Quando necessário, devemos lavar a cadela com água morna e sabão, para limpá-la, principalmente de sangue, e depois enxugá-la com uma toalha felpuda e um secador. Enquanto a cadela estiver fora do ninho, devemos fazer nele uma boa limpeza e quando necessário, substituir toda a sua forração. Levamos, depois, a cadela de volta ao ninho, deixando-a ficar sossegada, descansando com os seus filhotes e só a incomodando se for necessário, pois ela tem que amamentá-los. Devemos conferir o número de filhotes nascidos e o dos que ficaram com a cadela, para evitar uma ninhada muito grande, sendo melhor deixar com ela, 6 a 8 filhotes, no máximo, ou então, deixar toda a ninhada com ela, mas ajudar a sua alimentação, suplementando-a com "mamadeiras" para os filhotes.

SEXO DOS FILHOTES

O criador deve fazer a sexagem de todos os filhotes, para saber quantos machos e quantas fêmeas nasceram, para que possa programar o seu destino, inclusive dos que se destinarem a atender os pedidos dos compradores.

Identificar o sexo dos cãezinhos é muito fácil. Basta segurar o filhote, de barriga para cima e o examinar: a **fêmea** tem um orifício redondo, embaixo da cauda e que é o **ânus** e um pouco mais abaixo, uma fenda, que é a sua **vulva**, geralmente um pouco saliente, devido aos lábios vulvares. Já o **macho**, apresenta em baixo da cauda, um orifício redondo, que é o **ânus** e na barriga, um **"cordão"** um pouco saliente e com um orifício redondo, pelo qual o **pênis** passa para o exterior.

Devemos verificar, também, se o filhote não possui uma hérnia umbilical, relativamente comum em cãezinhos recém-nascidos.

DEPOIS DO PARTO

Quando a cadela começar a comer, depois do parto, deve receber uma boa alimentação: sadia, fresca, rica principalmente em proteínas, sais minerais e vitaminas e bem equilibrada. Deve, por isso, receber ração balanceada, carne, peixe, ovos, leite, queijo, arroz, legumes e outros alimentos nutritivos.

Nos primeiros dias após o parto, a cadela fica muito apegada aos filhotes e com muito ciúme, não querendo deles se separar e não os deixando sozinhos, no ninho, nem mesmo para fazer as suas necessidades, obrigando o seu dono a prendê-la pela guia, a puxá-la para fora do ninho e a levá-la a um lugar próprio para isso. Basta, depois, soltá-la da guia, para ela sair correndo para o ninho, para junto dos filhotes.

É muito comum que, durante alguns dias depois do parto, as fezes da cadela fiquem pastosas, escuras, avermelhadas e até com sangue porque, normalmente, ela ingere a placenta e todas as matérias fetais oriundas do parto.

ECLÂMPSIA

Muito grave, é um distúrbio que pode se apresentar em cadelas gestantes e antes, portanto, do parto; durante o parto e depois do parto, sendo mais comum em cadelas nervosas, principalmente de raças pequenas.

Os seus sintomas são grande excitação, cansaço, convulsões e febre. Trata-se de um distúrbio muito grave, que pode levar a cadela à morte. Ela deve ser socorrida o mais rápido possível, por um médico veterinário.

TEMPERATURA DOS FILHOTES

O filhote tem um temperatura corporal que pode variar, subindo ou baixando. Ela é medida por via retal e com o auxílio de um termômetro comum.

Quando ela se mantém acima do normal, por menos de 24 horas, não há problema. Quando, no entanto, o filhote apresentar alguns sintomas como perda de apetite, vômitos e diarréias, mas a sua temperatura está normal, esses sintomas indicam um distúrbios passageiro. Se a sua temperatura, no entanto, estiver acima de 39,1 °C, trata-se de um problema mais sério e quando acima de 39,4 °C, deve ser consultado, com urgência, um médico veterinário.

A temperatura corporal, no entanto, varia de acordo com a idade do filhote e conforme a tabela a seguir.

Idade	Temperatura (graus C)
1 semana	35 a 37,2
2 a 3 semanas	37,2 a 37,8
4 semanas	37,5 a 39

CAPÍTULO 11

PRIMEIROS CUIDADOS COM OS FILHOTES

Para termos um controle rigoroso sobre a criação, devemos começá-lo desde que os filhotes nascem e tomando as seguintes providências: contar quantos filhotes nasceram; fazer a sexagem, conferindo o número de machos e o de fêmeas; fazer um exame rigoroso de todos os filhotes, um de cada vez, descartando os fracos, raquíticos, defeituosos ou doentes, quando for o caso; deixar com a cadela, 6 a 8 filhotes, no máximo; passar os filhotes excedentes para outras cadelas, alimentá-los artificialmente na mamadeira ou sacrificá-los, quando não houver outra alternativa e somente em último caso.

Os filhotes nascem com pêlos, com os olhos fechados, sem dentes e surdos, mas o seu tato é bem desenvolvido, principalmente para encontrarem as tetas da cadela, para mamarem.

A cadela é muito carinhosa e cuidadosa com os seus filhotes. Durante a sua 1ª semana de vida, ela os trata com todo o cuidado, lambendo-os para limpá-los e ativar a sua circulação sanguínea e os puxando para junto do seu corpo, para os aquecer e para eles mamarem com mais facilidade.

A amputação da cauda dos Schnauzers deve ser feita na 2ª vértebra e quando eles estão com 3 a 5 dias de vida.

Os filhotes começam a abrir os olhos aos 10 ou 12 dias de idade, passando a enxergar normalmente. A sua maturação motora e sensorial ocorre, também, nessa mesma época. Quando atingem 13 a 15 dias de idade, os seus canais auditivos se abrem e eles passam a ouvir, normalmente. Com 21 dias de idade já andam, acompanhando a cadela para todo lado.

Durante as suas primeiras semanas de vida, os filhotes dormem durante 90% do seu tempo e têm contrações musculares durante o sono.

OS RECÉM-NASCIDOS E SUA SELEÇÃO

As ninhadas, às vezes, não são perfeitas, porque: algum filhote pode nascer morto; morrer logo depois de nascido ou nascer fraco, raquítico, defeituoso ou doente, devendo ser descartado ou tentada a sua recuperação sob a orientação de um médico veterinário.

Podemos separar todos os filhotes, de uma cadela, o que, no entanto, só deve ser feito em casos de extrema necessidade, mas não todos de uma só vez, porque isso pode causar à cadela sérios danos, às vezes muito graves e até irreparáveis, não somente físicos, mas também psíquicos.

Mencionamos, entre os possíveis problemas que podem surgir, os seguintes: a cadela fica procurando os filhotes que foram dela separados e não os encontrando, fica irritada, desesperada e até agressiva, pára de comer, etc., o que até prejudica a sua saúde; como está em período de lactação, suas mamas ficam cheias de leite que, não sendo retirado pelos filhotes, pode causar sérias inflamações, empedrar, formar abcessos mamários ou provocar a perda de mamas, mas sempre com muitas dores e sofrimentos para a cadela; pode surgir a febre do leite ou complicações graves, na cadela, causadas por desequilíbrios hormonais, como convulsões, eclâmpsias, etc.

Quando resolvermos separar os filhotes, da cadela, devemos fazê-lo logo após terminar o parto. Há, no entanto, 2 alternativas: 1ª – separar os filhotes da cadela, logo depois que acabaram de nascer, porque assim, ela nem tem tempo de a eles se apegar, não sentindo a sua falta e 2ª – os filhotes são deixados, normalmente, com a mãe.

EUTANÁSIA OU SACRIFÍCIO

Pode ou deve ser praticada quando os filhotes são fracos, raquíticos, defeituosos ou doentes e não podem ser recuperados, pois eles geralmente morrem ou são enjeitados pela cadela trazendo, não só problemas, mas também prejuízos maiores, para o criador. O próprio dono pode fazer o sacrifício dos cãezinhos, desde que o faça sem sofrimentos para eles: Para isso, ele pode empregar um pedaço de algodão com éter ou clorofórmio, dentro de um funil normal de plástico ou metal, ou improvisado, com papel grosso, papelão ou até um jornal enrolado.

Para sacrificar o animal, basta colocar essa "máscara de anestesia" bem ajustada no nariz e na boca do cão, o que faz com que ele aspire somente o éter ou o clorofórmio, vá ficando anestesiado e "durma" profundamente, pois foi submetido a uma anestesia geral. Para que o cão seja sacrificado, morrendo sem nenhum sofrimento basta, apenas, mantê-lo com a máscara, por mais algum tempo.

NÚMERO DE FILHOTES COM A CADELA

Como já o mencionamos, devemos deixar com a cadela, 6 a 8 filhotes, sendo os filhotes excedentes transferidos para outras cadelas, e o que é melhor, que tenham tido suas ninhadas, no mesmo dia em que nasceram os filhotes que estão recebendo, para que eles possam mamar o colostro e para que sejam mais ou menos do mesmo tamanho dos filhotes da sua ama-de-leite, o que evita a competição.

Quando for juntar os filhotes excedentes ou órfãos, à cadela que os vai criar, o criador deve tomar muito cuidado, para que ela não os estranhe, reaja e até os ataque, ferindo-os e até os matando. Quando, porém, ela os cheira e os lambe, normalmente é sinal de que ela os está aceitando para criar, como uma verdadeira mãe.

ÓRFÃOS

Quando a cadela morre durante o parto ou logo depois dele, para salvar os filhotes órfãos, o criador tem que começar a alimentá-los, o mais rapidamente possível após o nascimento. Para isso, ele tem 2 caminhos a seguir: 1º – o melhor, que é colocar os órfãos ou também os filhotes excedentes, de outras cadelas com ninhadas muito numerosas, para mamarem em uma ama-de-leite, de preferência, cujos filhotes hajam nascido no mesmo dia em que os cãezinhos que estão sendo transferidos para ela.

Em casos de emergência, no entanto, os órfãos podem ser colocados para mamar, em qualquer cadela que lhes forneça o seu único e precioso alimento, nessa sua fase de vida, o leite, e desde que a sua produção leiteira seja suficiente para alimentar todos os filhotes que ficarem com ela: os seus e os que forem por ela adotados.

Desde que a cadela aceite os filhotes órfãos, os adotando para criar, é a providência mais prática, porque é a que dá menos trabalho e preocupações ao criador, pois a cadela, além de os amamentar, lhes dá toda a atenção e carinho, não os diferenciando dos seus próprios filhotes e ainda os protegendo de todos os perigos; 2º – alimentar os filhotes, na mamadeira (ver Cap. 12, página 110).

Na 1ª semana de vida, eles devem receber alimentos, de 2 em 2 horas e, da 2ª semana, em diante, de 3 em 3 horas. Além disso, recebem 1 medida de óleo de fígado de bacalhau, pela boca, 1 vez ao dia.

Nessa época, os filhotes começam a comer sozinhos.

OUTROS CUIDADOS COM OS ÓRFÃOS

Podemos citar, entre eles: 1 – preparar-lhes um ninho, com um certo conforto e no qual fiquem bem abrigados e bem aquecidos, inclusive com um aquecimento artificial, se necessário, pois eles sentem muito frio que é, aliás, uma das maiores causas de mortalidade entre os filhotes. Quando, no entanto, são mantidos em ambientes fechados, eles ficam bem mais protegidos do frio, dos ventos e das chuvas; 2 – devemos fazer massagens leves e ligeiras, na barriga dos filhotes, para os estimular a urinar e defecar, como o faz a cadela, quando os lambe, nessas regiões; 3 – manter a mais rigorosa higiene nos filhotes e no ninho, para que não ocorram problemas de saúde.

Infelizmente, em certas ocasiões, uma outra providência deve ser tomada, mas só em último caso, por ser muito desagradável, principalmente para quem gosta, não só de cães, mas também de outros animais e que, ainda, pode causar grandes prejuízos ao criador: é o sacrifício dos filhotes órfãos, que não podem ser criados e que acabariam morrendo, mesmo, em geral após grandes sofrimentos. A eutanásia, às vezes, lamentavelmente é, a melhor e até, mesmo, a única solução.

SAÚDE

Quando um filhote, seja qual for a sua idade, estiver com falta de apetite, diarréia, vômitos e febre de 39,1°C, significa que ele está com um problema sério e, quando a febre atinge mais de 39,4°C, ele deve ser levado, imediatamente, a um médico veterinário, pois o seu estado pode ser muito grave.

ERGOT, UNHA DE LOBO OU ESPORÃO

É um dedo "extra" rudimentar e sem função, que pode nascer em alguns cães, que não tem nenhuma ligação com o esqueleto e que fica ligado ao membro, somente por músculos.

Ele pode ser extirpado por uma operação muito simples e rápida, que deve ser feita quando o filhote está com 3 a 5 dias de vida.

Os padrões de muitas raças como, p. ex., a Schnauzer, exigem a extirpação ou retirada do ergot.

Buba. Fêmea Minischnauzer sal-e-pimenta. Criadora: Deolinda Teixeira. Canil Don Clar's. São Paulo-SP.

BAIAS PARA CÃES NOVOS

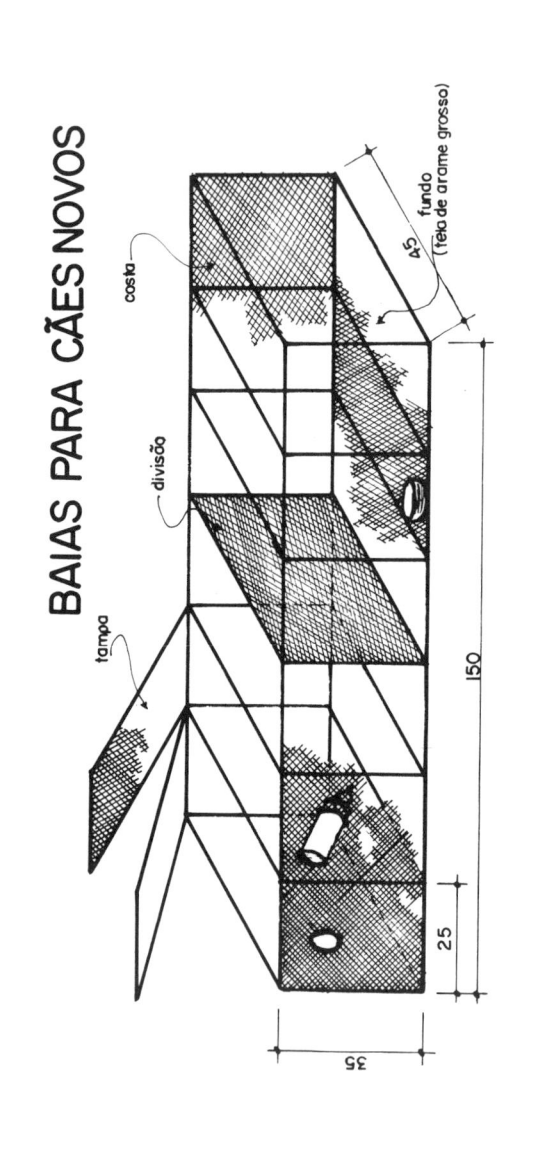

- tampa
- costa
- divisão
- fundo (tela de arame grosso)
- 45
- 150
- 25
- 35

CAPÍTULO 12

LACTAÇÃO E DESMAMA

Como todo animal mamífero, até determinada idade, os cães se alimentam, unicamente, com o leite materno. Por esse motivo, a vida, a saúde, o desenvolvimento e a precocidade dos filhotes dependem da quantidade e da qualidade do leite da cadela.

O PRIMEIRO LEITE E O COLOSTRO

Quando termina o parto, a cadela já tem leite para amamentar os seus filhotes, porque as suas glândulas mamárias começam a produzir o seu primeiro leite, um leite especial, bem mais grosso do que o normal, porque contém o **colostro**, que é composto por substâncias ricas em proteínas, sais minerais, vitaminas, anticorpos contra diversas doenças, etc. O colostro tem um efeito laxativo que faz os filhotes recém-nascidos evacuarem o **mecônio**, deixando seus intestinos livres dessa substância pastosa e amarela que os "enche" durante toda a sua vida fetal, mas que deve ser eliminada logo após o seu nascimento.

LACTAÇÃO

É o período mais importante na vida dos filhotes. Começa com a primeira mamada que eles fazem logo após o nascimento e termina com a desmama, isto é, quando não são mais amamentados pela cadela.

Durante a lactação, enquanto ainda estão mamando e só se alimentando com o leite materno e antes de ingerirem outros alimentos, todas as funções orgânicas dos cãezinhos, exceto respirar, dependem, exclusivamente da cadela, como ocorria quando eles eram fetos, vivendo no seu útero.

PRODUÇÃO LEITEIRA

As glândulas mamárias da cadela começam a produzir leite quando entram em atividade com o estímulo do parto, para que ela possa alimentar os filhotes, logo depois que eles nascem.

A **quantidade de leite** produzido varia com a capacidade leiteira da cadela, embora outros fatores possam influir sobre essa produção como, p. ex. alimentação, temperatura ambiente, estresse, doenças, etc. Normalmente, as cadelas de 1ª cria produzem menos leite do que nos partos seguintes.

A **qualidade** e a **composição do leite da cadela** variam de acordo com uma série de fatores, entre os quais: estado de saúde; cansaço; estresse; quantidade e qualidade dos seus alimentos, antes e principalmente durante a sua produção leiteira, etc. É por isso que, principalmente durante a gestação e a lactação, a cadela deve ter uma alimentação adequada, saudável, fresca, nutritiva, bem equilibrada e cuja quantidade seja suficiente para que ela ingira todos os elementos nutritivos de que necessita para a sua produção leiteira e, também, o que é indispensável, para compensar o seu grande desgaste físico provocado por uma gestação e uma lactação sucessivas. Por isso, a cadela deve receber 3 a 5 refeições ao dia, além de água limpa, fresca e à vontade.

PERÍODO DE LACTAÇÃO

Varia de acordo com uma série de fatores, mas as cadelas devem produzir leite, no mínimo, durante 30 a 35 dias, para que possam alimentar, normalmente, os seus filhotes. Por esse motivo, devemos verificar, desde a primeira mamada, se a cadela tem leite suficiente para amamentar os filhotes. Caso isso não aconteça, devemos, imediatamente, tomar as medidas necessárias, ou seja, transferir filhotes para outras cadelas ou suplementar a sua alimentação, dando-lhes mamadeiras.

Quando não estão sendo bem alimentados, são os próprios filhotes que dão o sinal de que estão com fome, pois "ficam chorando" e "resmungando". Devemos evitar que falte leite para os filhotes, principalmente nos seus 3 primeiros dias de vida, talvez os mais importantes para o seu crescimento e desenvolvimento, porque é nesses dias que o leite da cadela contém o colostro. Para evitar esses problemas, é necessário controlar com rigor, a produção leiteira da cadela, evitando assim, os prejuízos que o criador tem quando os filhotes não se alimentam direito, passam fome, ficam magros e fracos, não se desenvolvem e até morrem de inanição, quando as cadelas não os amamentam e até os abandonam.

O filhote mais fraco ou menor, da ninhada, deve ser colocado para mamar na cadela, de 2 em 2 horas, para que fique melhor alimentado, se desenvolva bem e possa competir com os seus irmãos maiores.

Várias são as causas que podem fazer baixar a produção de leite de uma cadela. Temos, entre elas: falta de água suficiente para que possam beber normalmente; alimentação inadequada ou deficiente em qualidade ou quantidade; ninhada muito numerosa; desmama precoce; falta de higiene; doenças, etc.

Não devemos dar às cadelas em início de lactação, determinados medicamentos, vermífugos, inseticidas, desinfetantes, etc., para evitar que, passando para o leite o contaminem, o que pode intoxicar os filhotes e até matar os que os ingerirem.

AS MAMADAS

Nos seus primeiros dias de vida, os filhotes devem ser alimentados de 3 em 3 e depois de 4 em 4 ou de 5 em 5 horas, o que representa 40 a 60 mamadas, por dia e 1.200 a 1.300 por mês, o que, não há dúvida alguma, exige um grande esforço e sacrifício da cadela para amamentar os seus filhotes durante todo o período de lactação.

CUIDADOS DURANTE A LACTAÇÃO

É necessário, durante todo esse período, que todos os dias, as mamas da cadela sejam examinadas, para que seja comprovado se estão normais ou se apresentam algum problema, para que sejam tratadas imediatamente, quando for necessário. Isso é importante, porque os filhotes podem arranhá-las com as suas numerosas e afiadas unhas, causando ferimentos, infecções, abcessos, mamites e até perda de mamas, além de dores, às vezes muito fortes, com muito sofrimento para a cadela.

Com 10 a 15 dias de idade, os cãezinhos já têm dentinhos finos e pontiagudos, que irritam as tetas e mamas e que as podem ferir, causando os mesmos problemas que as unhas.

Pelo exposto, podemos verificar que a cadela, para amamentar os seus filhotes, pode sofrer bastante, o que a faz relutar em deixá-los mamar e, quando as dores são muito fortes, ela pode até, não deixar que eles o façam.

Para evitar ou diminuir esses problemas, devemos cortar as unhas dos filhotes, mantendo-as sempre aparadas, desde a primeira semana após o seu nascimento.

Quando as mamas ou somente as tetas começam a ficar muito vermelhas e inchadas, devemos fazer massagens e aplicar compressas quentes sobre elas, para que desinchem e desinflamem, voltando ao normal, e para aliviar as dores que a cadela sente e que, às vezes, são muito fortes.

ALIMENTAÇÃO SUPLEMENTAR

Quando a cadela produz, relativamente, pouco leite ou quando a ninhada é muito grande, devemos suplementar a alimentação dos filhotes, para que fiquem bem alimentados, fornecendo-lhes 2, 3 ou mais mamadeiras, ao dia, além de eles mamarem na cadela.

RECEITAS PARA MAMADEIRAS

Uma boa receita para a mamadeira dos cãezinhos é: leite – 1 litro; leite em pó – 1 xícara; creme de arroz – 1 xícara de chá; ovos – 1 ou 2 gemas; glicose – 1 colher das de sopa; um produto à base de cálcio e de fósforo, de uso oral – 1 colher das de sopa; geléia de mocotó ou gelatina em pó – 1 colher das de café; maisena – 1 colher das de sopa.

Essa mamadeira pode ser dada aos cãezinhos, quando a cadela não tem leite suficiente para eles, quando eles ficaram órfãos ou quando o seu dono não consegue uma cadela para lhes servir de ama-da-leite.

Quando têm 3 semanas de vida, os filhotes devem largar a mamadeira e aprender a comer em uma vasilha. Nessa época, a sua mamadeira pode ser engrossada com uma quantidade maior de maisena e o creme de arroz substituído por arroz em grão, cozido na água e com um pouco de tempero. Quando eles estão com 30 a 35 dias de idade, devemos ir incluindo, na sua alimentação, mas aos poucos, carne crua bem picada ou moída.

Para sabermos se a carne está sendo dada na quantidade indicada, é muito fácil, bastando examinarmos as fezes dos filhotes: se encontrarmos nelas, pedaços de carne, é porque os filhotes ainda não a estão digerindo bem e, nesse caso, devemos diminuir a sua quantidade, durante alguns dias, mas depois vamos aumentando-a, aos poucos. Além disso, nessa época, devemos começar a dar-lhes algum legume como, p. ex., cenoura ralada, além de continuar a administrar-lhes nas refeições, diariamente, sais minerais e vitaminas.

Como lhes podem fazer mal, não devemos dar, aos filhotes: gorduras, carne de porco, salames, açúcar, doces, sorvetes, frutas frescas, pão fresco, farináceos, feijões, ervilhas, brócolis, etc.

Para filhotes desmamados, devemos dar 4 refeições ao dia, passando depois a 3. Cães adultos devem receber alimentos, 2 vezes ou somente 1 vez ao dia. As refeições devem variar de composição, mas dadas, de preferência, mornas.

DESMAMA

A cadela, normalmente, só deixa os filhotes mamarem, à vontade, durante mais ou menos 30 dias. Quando eles estão na sua 4ª semana de vida, ela já começa a controlar as mamadas, não os deixando mamar com a mesma freqüência com a qual estavam acostumados e procura, até mesmo, evitar, ao máximo, que eles mamem. Isso significa o começo da desmama natural. Nessa época eles passam a se interessar pelos alimentos da cadela e por outros que encontram. A cadela chega, até, a vomitar o alimento que ela já digeriu, para que os filhotes o comam, aprendendo assim, a ingerir alimentos sólidos. Portanto, é a própria cadela que ensina que os cãezinhos com 1 mês ou pouco menos, de idade, já podem receber outros alimentos, além do leite, para que a desmama seja gradativa e eles não sintam quando forem dela separados.

Com 7 semanas de idade, mais ou menos, os filhotes já não mais dependem da cadela para se alimentarem, ficando independentes. Por isso, eles podem ser desmamados com 45 dias e a cadela pode voltar à sua dieta normal.

Quando são bem alimentados, com 9 dias de idade os filhotes dobram o peso que tinham ao nascer e com mais ou menos 3 semanas de idade, eles o quadruplicam.

Os filhotes não devem ser desmamados todos, de uma só vez, quando estão com a cadela, para que ela não fique com as mamas cheias de leite, porque pode lhe causar fortes dores, muito sofrimento, inflamações, abcessos, mamites, etc., bem como a perda de mamas e de tetas.

Mesmo que não apresentem nenhum sintoma de verminose como, p. ex., barriga grande ou esticada e fezes descoloridas, os filhotes com 8 (oito) semanas de idade devem, como rotina, tomar um vermífugo, para se livrarem de vermes que, geralmente, os infestam logo depois que nascem.

Cada filhote desmamado da cadela ou que pára de receber mamadeira, deve ter um prato individual, só para ele comer os seus alimentos, e pelas seguintes razões: 1 – ele se acostuma a comer somente no seu próprio prato, facilitando, mais tarde, o seu treinamento para que não coma nada que encontre em qualquer lugar ou que estranhos lhe ofereçam; 2 – diminui o perigo de ele contrair doenças transmitidas por alimentos contaminados, de má qualidade, estragados e até envenenados, de propósito; 3 – não há competição entre os filhotes, pela comida, como ocorre quando eles comem juntos em uma só vasilha e os maiores e mais fortes comem, também, a comida dos cãezinhos menores e mais fracos que, ficando com menos alimentos, têm o seu crescimento, o seu desenvolvimento e a sua saúde prejudicados; 4 – quando são vendidos e transferidos para outros locais, levam o seu prato, o que facilita a sua adaptação à nova moradia, porque continuam se alimentando bem, pois já estão acostumados a comer no seu próprio prato, o que lhes estimula a se alimentarem.

Quando um filhote começa a choramingar irritado, nervoso e parecendo "agoniado", isso pode ser sinal de que ele está com fome ou com dor de barriga (cólica) provocada, geralmente, por vermes intestinais.

ALIMENTAÇÃO ARTIFICIAL

Depois da desmama, a alimentação dos filhotes deve constar de leite de vaca, mingaus, sopas de legumes e arroz com carne crua bem picada ou moída (1 colher das de chá). Essa carne pode ser aumentada até 1 xícara, 2 vezes ao dia, quando os filhotes estão com 3 semanas de idade. Podemos alimentá-los, também, com ração especial para filhotes, encontrada em Pet Shops.

Durante toda a sua vida, os cães podem receber, como sua alimentação, arroz com carne picada ou moída e cenoura, cozidos na água com sal e algum tempero como alho, cebola, salsinha, etc. Devemos dar-lhes, também, vitaminas e sais minerais.

Os alimentos devem ser fornecidos aos filhotes, e isso é importante, sempre no mesmo horário, no mesmo prato ou comedouro e no mesmo local.

LEITE NO PRATO OU EM OUTRA VASILHA

Dar alimentos aos filhotes, em mamadeiras, é muito fácil, porque basta eles sentirem o cheiro do leite e o bico encostar na sua boca, para começarem logo a mamar, como nas tetas da cadela. Quando, no entanto, seus alimentos como leite, mingaus, etc., são colocados em pratos ou em outras vasilhas, é necessário que os ensinemos a beber ou comer, nesses recipientes. Para isso, basta: 1 – colocar o leite ou o mingau em um prato fundo; 2 – pegar uma colher pequena, "sujá-la" no alimento e depois encostá-la na boca do filhote para que, sentindo o cheiro do alimento como, p. ex., leite, comece a lambê-la e a chupá-la; 3 – botar o filhote bem junto ao prato, molhar novamente a colher no leite e a encostar, outra vez, no seu focinho porque, assim que sentir o cheiro do leite, começa a lambê-lo; 4 – logo que ele começar a fazê-lo, vamos baixando a colher, até que o filhote encoste a boca na superfície do leite do prato porque, assim que isso acontece, ele começa a lamber e a beber o leite que está no prato; 5 – caso o filhote, da primeira vez, não beba o leite do prato, repetir a operação, que ele o fará.

Outra maneira de fazer o filhote beber o leite no prato, é: 1 – lavar bem as nossas mãos e enxugá-las; 2 – molhar um dedo no leite do prato e deixar que o filhote o lamba; 3 – molhar novamente o dedo no leite e, enquanto o filhote o está lambendo, nós o vamos baixando até mergulhá-lo no leite do prato porque, assim que o filhote sentir o leite ou o mingau, começa a lambê-lo e depois a tomá-lo, acostumando-se a fazer isso, e passando a beber ou comer, qualquer alimento que seja colocado no seu prato.

BAIAS PARA A ALIMENTAÇÃO DOS FILHOTES

Como já o mencionamos, cada filhote deve ter o seu próprio prato, alimentando-se somente nele e nunca nos pratos dos seus irmãos ou companheiros. É necessário, no entanto, que os treinemos para só comerem nos seus próprios pratos, o que exige um certo trabalho.

Para facilitar e diminuir, muito, esse trabalho, podemos empregar as gaiolas ou baias especiais, ou seja, pequenos compartimentos dispostos em série, colocados uns aos lados dos outros. Em cada baia é colocado um filhote e o seu respectivo prato.

Entre as baias existem divisões que podem ser de plástico, vidro, tela, grades, ripas de madeira ou de outro material, desde que cada filhote possa ver os seus vizinhos, mas que não tenha acesso aos pratos em que estão comendo. Em pouco tempo, com essa técnica, os filhotes se acostumam a só comer, cada um em seu próprio prato e depois, mesmo que estejam fora das baias e soltos, não tentam comer a comida dos outros cães.

As baias podem ser empregadas para cães de todas as idades e portes, desde filhotes mamando até cães adultos, pois nela podem ser colocados, não somente pratos, mas até bicos de mamadeira, para filhotes que ainda mamam.

SURDEZ

Embora não seja comum, em uma ninhada pode nascer algum filhote surdo, não ouvindo os sons normais como assobios, os chamados das pessoas, barulhos de portas e janelas, etc. Por isso, ele é sempre o último a sair do ninho, para se alimentar e o faz porque acompanha os seus irmãos que saem logo que escutam o chamado do dono. Além disso, o cão surdo não faz o gesto instintivo de todos os cães, mesmo filhotes que, ao ouvir um chamado ou qualquer outro som, muitas vezes desconhecido para ele, levanta imediatamente a cabeça e vira as orelhas na direção do ruído, para identificar a sua origem. Devemos por isso, controlar, normalmente, o comportamento dos filhotes que são sempre os últimos a saírem do ninho e os suspeitos de não escutarem bem. Eles devem ser submetidos a testes para verificar a sua capacidade auditiva, isto é, o grau da sua surdez ou se são completamente surdos. Esse teste é bastante simples, bastando: chamarmos o filhote; batermos com um objeto em uma vasilha para fazermos barulho; assobiarmos, etc., sempre fazendo sons diferentes e de várias intensidades. Podemos chegar, assim, a um dos seguintes resultados: o filhote ouve normalmente; é completamente surdo ou não escuta muito bem e qual é o seu grau de surdez.

Sendo surdo, qualquer que seja o grau da sua surdez, o cão não deve entrar para a reprodução. Além disso, não deve ser negociado, porque ele poderá trazer sérios problemas a seu novo dono: é possível imaginar um cão de guarda, surdo?

CUIDADOS COM AS UNHAS DOS FILHOTES

Com mais ou menos uma semana de idade, os filhotes começam a andar pelo ninho, inclusive passando uns sobre os outros e também sobre a cadela. Suas unhas devem, então, ser cortadas nessa época, para que eles não arranhem ou firam a cadela, deixando-a bastante irritada e também, para que os filhotes não fiquem arranhando uns aos outros, provocando neles, ferimentos, infecções, etc.

Os filhotes com unhas grandes são um problema bem maior e mais grave para a cadela porque, além de arranhá-la pelo corpo, por serem grandes, pontudas, afiadas e numerosas, elas podem causar ferimentos graves e infecções nas suas mamas, podendo até causar a sua perda, o que prejudica a sua produção leiteira e a desvaloriza.

As suas mamas podem ficar muito doloridas, fazendo a cadela sofrer muito, ao amamentar os filhotes porque, quando eles mamam, além de as sugarem e esticarem, dão pancadas sobre elas, as empurram com o focinho e as patas e as arranham com as unhas. Às vezes, a cadela nem os deixa mamar, porque as dores que sofre, com isso, são muito fortes.

Para evitar ou diminuir esses problemas, devemos cortar as unhas dos filhotes, uma vez por semana usando, para isso, um alicate especial para unhas ou uma tesoura bem afiada. Na hora de cortar as unhas, devemos tomar muito cuidado para não cortá-las curtas demais, para não atingirmos "o sangue", isto é, a região em que se encontram as suas artérias, veias e nervos, o que causaria dores, sangramentos e possíveis infecções.

Quando os filhotes saem do ninho e passam a andar e a correr em solos ou superfícies ásperas, suas unhas crescem menos, porque sofrem um desgaste maior mantendo-se, por isso, mais curtas e menos pontudas.

BANHEIRO PARA OS FILHOTES

Normalmente, os cãezinhos, evacuam logo que terminam de fazer as suas refeições. Por isso, devemos reservar um lugar especial para eles fazerem as suas necessidades, ou seja, "um banheiro" e o mais perto possível do ninho ou dos seus pratos de comida. Basta, depois, levá-los para o banheiro, assim que acabam de fazer as refeições, pois eles vão se acostumando a fazer, aí, as suas necessidades e, em pouco tempo, já se dirigem a ele, sozinhos, o que facilita, muito, a limpeza da área por eles usada dentro ou fora da casa ou do canil.

Esse "banheiro" pode ser um lugar forrado com papéis, jornais, etc., ou um tabuleiro com o fundo coberto de papéis, jornais ou uma camada de areia.

Os filhotes, como já o mencionamos, defecam, normalmente, logo depois de cada refeição, o que é um fenômeno natural, porque a entrada de alimentos no seu estômago estimula o funcionamento dos seus intestinos.

Quando os filhotes vão ficando mais velhos, essas evacuações vão ficando mais espaçadas mas, geralmente, ocorrem nas mesmas horas. Os adultos recebem 1 a 2 refeições ao dia, facilitando assim, os trabalhos de limpeza e de levá-los para fazer as suas necessidades na rua, isto é, "para passear", o que já vem sofrendo fortes restrições, devido às proibições e multas impostas por serviços sanitários de muitas Prefeituras, quando o cão "suja" na rua. Importante é que até em casas e apartamentos podemos colocar um tabuleiro com areia e produtos especiais, para servir de banheiro para os nossos amigos, os cães.

Terrier Irlandês

Schnauzer gigante

Bouvier des Flandres

Västgötaspets

Bull Terrier

Cão de Dalmacia

CAPÍTULO 13

O CRESCIMENTO E O SEU PERÍODO

Quando desmama ou completa 45 a 60 dias de vida, o filhote deve ser examinado por um médico veterinário, para que lhe sejam receitados um vermífugo, indispensável para ele, nessa época da sua vida e as vacinas que ele deve tomar, de acordo com um determinado esquema de vacinação (ver Cap. 16).

O período de crescimento é de grande importância para a vida, o desenvolvimento e o futuro dos cães. É, além disso, o que dá maiores preocupações porque, antes da desmama, os filhotes têm a cadela para cuidar da sua saúde; dar-lhes todo o carinho de que tanto precisam; para protegê-los de todos os perigos; para os alimentar com o melhor alimento para eles, o leite materno e ainda lhes transmite uma certa proteção ou resistência contra certas doenças.

Devemos nos lembrar porém, de que, quando desmamam, entrando na sua fase ou período de crescimento, eles passam a depender, exclusivamente, do seu dono para alimentá-los, protegê-los do ambiente, de inimigos e de doenças, além de lhes dar o carinho de que tanto necessitam e que lhes dava a cadela.

O **ensino** e o **treinamento** desses cãezinhos são outros problemas que nos devem preocupar, pois são necessários para que eles cresçam sadios, bem educados e obedientes, o que os valoriza e dá muita alegria a seus donos.

O período de crescimento e de desenvolvimento começa na desmama e vai até à fase adulta do cão, quando a calcificação dos seus ossos se completa, o que na raça Schnauzer ocorre quando atingem 10 a 12 meses de idade.

Durante esse período os cães, em geral, multiplicam o seu peso, de 3 a 6 vezes.

Para controlar a saúde, o crescimento e o desenvolvimento dos filhotes, o melhor é fazer a sua **pesagem** regularmente, porque, quando não há aumento de peso ou ele é muito pequeno, significa que a sua alimentação não está sendo satisfatória, por ser insuficiente para alimentá-los normalmente, porque a quantidade administrada aos animais é inferior à de que eles necessitam ou então inadequada ou defeituosa, no que se refere à sua qualidade ou composição. Outra possibilidade de eles não haverem tido um ganho de peso satisfatório, pode estar relacionado a algum problema de saúde como, p. ex., o que é bastante comum, uma verminose.

A pesagem tem, ainda, uma outra vantagem, que é a de permitir que seja avaliada, também, a uniformidade de crescimento e de desenvolvimento da ninhada.

O **controle de peso** dos cãezinhos é muito importante porque, desde os seus primeiros dias de vida, já permite avaliar a capacidade leiteira da cadela, permitindo que, quando for necessário, seja suplementada a alimentação dos filhotes, com a mamadeira, evitando assim, que o seu crescimento e o seu desenvolvimento sejam prejudicados, porque um alimentação insuficiente ou inadequada pode causar doenças da nutrição ou ser a causa predisponente de outros tipos de doenças.

Com 3 meses de idade, um Minischnauzer já se parece bastante com os seus pais, mas como a sua estrutura e conformação ainda não se consolidaram, eles apresentam proporções bem diferentes. Sua cabeça e suas patas são relativamente grandes para o seu tamanho, o que os deixa com uma aparência um tanto desajeitada, mas que vai desaparecendo gradualmente, com a idade, ficando ele com o mesmo perfil quadrado do adulto. Seu andar, no entanto, é normal e firme. Sua pelagem é formada por pêlos duros, "pêlo de arame", sendo que em alguns, o seu couro ou pele fica até visível.

Zaíra. Fêmea Minischnauzer adulta, em reprodução. Nessa ilustração podemos observar, perfeitamente, onde nascem os longos pêlos da sua barba e do seu bigode e as direções que tomam ao crescerem, bem como o comprimento das suas sobrancelhas que são muito compridas, duras e eriçadas. Criadora: Deolinda Teixeira. Canil Don Clar's. São Paulo-SP.

CAPÍTULO 14

ALIMENTOS E ALIMENTAÇÃO

O organismo dos cães é composto por proteínas, hidratos de carbono, sais minerais e vitaminas. Por esse motivo, eles devem receber, através de uma boa alimentação, todos esses elementos, para suprirem as suas necessidades e compensarem os desgastes do seu organismo. Entre os melhores alimentos para cães, temos: carnes vermelhas, aves, peixes, ovos, leite, queijo, arroz e rações balanceadas, comerciais.

Naturalmente, a alimentação dos cães varia de acordo com diversos fatores, entre os quais, a sua idade e o seu tamanho; condições ambientais; exercícios e trabalhos a que são submetidos, etc. Os princípios básicos da alimentação, no entanto, são os mesmos para todos os cães.

Não lhes devemos dar a mesma alimentação humana, porque eles são animais essencialmente carnívoros.

ALIMENTOS

Entre os principais alimentos para os cães, podemos incluir os que se seguem.

Carne. É o seu alimento natural. Quando esse termo é empregado no presente capítulo, significa, não apenas a carne ou músculos, mas todas as vísceras como pulmões (bofes), fígado, coração, rins e todas as partes comestíveis de mamíferos como bois, cavalos, cabras, carneiros, coelhos, etc. Também aves são muito utilizadas na alimentação dos cães sendo, mesmo, muito empregados, principalmente cabeças e pescoço moídos, de frangos.

Devemos dar aos cães, carne picada ou moída, de preferência crua, na proporção de 40 a 50% da sua alimentação diária. Deve ser de animais sadios, limpa, fresca e livre de contaminações. Em caso de dúvidas, ela deve ser cozida.

Farinha de carne. Possui um alto teor de proteínas, de 70% ou até mais, sendo por isso, empregada em porcentagens elevadas nas rações balanceadas, para cães.

Peixes. Sua carne é rica em proteínas, minerais e iodo. Seu grande inconveniente é que se estragam com facilidade e rapidez. Quando estão frescos, são um bom alimento para os cães, desde que sejam deles retiradas todas as espinhas, para evitar que provoquem engasgos ou perfurações nas vias digestivas dos animais que as ingerirem.

Farinha de peixe. Bem aceita pelos cães, é um ótimo alimento, mas apresenta um grande inconveniente, que é o seu mau cheiro.

Ovos. Bons alimentos, quando cozidos podem ser dados inteiros, para os cães, mas quando crus, só a sua gema, porque a clara crua é indigesta e causa a eliminação de vitaminas.

Leite. O da cadela é, não há dúvida alguma, o melhor e mais completo alimento para os cãezinhos e faz com que, em apenas 9 dias de vida, eles atinjam o dobro do peso que tinham ao nascer. Além disso, ainda os sustenta e mantém o seu crescimento e o seu desenvolvimento até à sua desmama, com 6 a 8 semanas de idade, e sem receberem nenhum outro alimento.

Quando a cadela não tem leite ou o produz em pequena quantidade, insuficiente para alimentar os filhotes, eles podem ser alimentados na mamadeira, com leite de vaca ou de cabra, desde que preparados, ou com leite em pó ou condensado e até com queijo, sendo este, no entanto, bastante caro.

Cereais. Arroz, milho e aveia são os mais empregados, em flocos ou farinhas. Considerado um dos melhores alimentos vegetais para cães, o arroz deve ser dado cozido na água, com sal e algum tempero como alho, cebola, salsinha, etc., e morno ou frio e misturado com carne crua picada ou moída, legumes ou caldos.

Massas. Embora muito apreciadas pelos cães, devem ser dadas com algum cuidado, principalmente no período de crescimento dos filhotes.

Açúcar, doces, bombons, balas, chocolate, etc. Não devem ser dados aos cães, embora eles gostem muito de açúcar e das guloseimas mencionadas, pois, principalmente em excesso, fazem os cães engordarem muito e até ficarem obesos, além de provocarem problemas de saúde, muitas vezes graves. Além disso, fazem os animais perderem a fome, descontrolando o seu regime alimentar. Em maiores quantidades, podem causar problemas dentários como, p. ex., cáries.

Legumes. Os verdes são muito ricos em proteínas mas, quando secos, não são aconselháveis na alimentação dos cães, porque são ricos em amidos, mas pobres em vitaminas. São, no entanto, bons para dietas.

Frutas. São um bom alimento, mas devem ser dadas aos cães, apenas como um suplemento, pois não são alimentos naturais desses animais, embora eles as aceitem bem e elas sejam ricas em glucídios, vitaminas e sais minerais.

Sais minerais. Por serem indispensáveis na alimentação dos cães, a sua falta ou até mesmo o desequilíbrio entre eles podem causar distúrbios graves ou doenças, nesses animais. Eles são necessários em maiores doses durante a gestação e a lactação; após a desmama; no período de crescimento dos filhotes; para reparar desgastes físicos, etc.

Para suprir as suas necessidades em minerais, os cães devem receber farinha de osso, na sua alimentação e ossos para roerem. Esses ossos devem ser grandes e fortes, para que não se quebrem ou lasquem em pedaços pequenos, pontudos ou cortantes, porque podem provocar engasgos e ferimentos, às vezes graves, nas vias digestivas dos cães. É por isso que não devemos dar aos cães, ossos pequenos ou finos, como os de aves e de coelhos.

Os sais minerais de que mais necessitam os cães são, normalmente, os de cálcio e de fósforo, principalmente para a formação do seu esqueleto ósseo e o cloreto de sódio, para a digestão dos alimentos. Para os cães, são também importantes, os sais de ferro, manganês, cobre, iodo etc.

Vitaminas. São indispensáveis na alimentação dos cães, embora em pequenas quantidades. Sua atuação é muito importante para o perfeito funcionamento do organismo, pois a sua falta produz queda na produção, diversas doenças da nutrição e até a morte dos cães. O excesso de vitaminas, ou seja, a hipervitaminose, também faz mal ao organismo e, porisso, não devemos dar, aos cães, doses muito elevadas desses elementos.

As principais vitaminas para os cães, são as seguintes:
– **vitamina A**, para o crescimento, a reprodução, etc.;
– **complexo B**, do qual fazem parte as vitaminas B_1, B_2, B_6, nicotilamida, ácido pantotênico, ácido fólico e biotina, indispensáveis para prevenir alguns distúrbios nervosos. Elas desempenham, também, importante função na assimilação dos hidratos de carbono. Sua carência pode provocar perda de apeti-

te, atraso no crescimento, certas alterações na reprodução, dermatite seborréica; queda de pêlos; diarréia, paralisias, etc.;
– **vitamina C**, que é sintetizada no organismo dos cães e cuja falta pode provocar sintomas semelhantes aos do escorbuto;
– **vitamina D_2 ou calciferol e D_3 ou colecalciferol**, cujas atuações são parecidas. A 1ª é encontrada nos vegetais e na levedura de cerveja e a 2ª, principalmente no óleo de fígado de bacalhau. Elas atuam na formação do esqueleto ósseo e sobre as glândulas de secreção interna. A carência dessas vitaminas pode provocar o raquitismo, porque o cálcio e o fósforo não se fixam no organismo; dentes mal calcificados, etc. Elas são encontradas no leite, no peixe, etc.;
– **vitamina E**, denominada da reprodução, porque estimula as funções reprodutoras como a produção de espermatozóides; o desenvolvimento normal do embrião; a nutrição dos fetos; conserva o instinto de lactação das cadelas; evita abortos, a morte de recém-nascidos, a perda da potência sexual, etc.;
– **vitamina K ou anti-hemorrágica**, cuja carência provoca atraso no tempo de coagulação do sangue, provocando hemorragias em placenta e abortos;
– **colina**. Sua falta causa atraso no crescimento; problemas graves no fígado, nos rins e nos músculos do coração, além de anemia, icterícia, etc.

ALIMENTOS COMERCIAIS

Existe uma grande variedade de alimentos comerciais para cães, e, entre eles destacamos: rações balanceadas, inclusive especiais para cães adultos, jovens, filhotes, cadelas em lactação e amamentação, etc.; flocos de cereais como arroz, aveia e cevada, que devem ser dados somente depois de cozidos; flocos especiais para cães, em geral de origem vegetal e já prontos para consumo; biscoitos; carnes especiais, de diversos animais como boi, cavalo, cabra, aves, principalmente pescoço e cabeça moída de frangos, etc.; alimentos enlatados já prontos para consumo, etc.

Na escolha da ração, um fator muito importante é o preço, principalmente em criações comerciais, cujos custos devem ser os mais baixos possíveis, sendo levado em consideração, sempre, o custo/benefício.

Devemos nos lembrar, no entanto, de que o mais barato não é o que custa menos, mas o que produz os mesmos resultados, pelo menor preço.

O mais importante, porém, é o sabor ou gosto da ração, porque de nada adianta ela ser a melhor possível, se os cães dela não gostarem e não a comerem, normalmente.

A alimentação deve ser composta por certas quantidades ou porcentagens de proteínas, hidratos de carbono, sais minerais e vitaminas, mas guardando uma certa proporção entre elas, para que a ração bem equilibrada ou balanceada, permita a manutenção do cão, o seu desenvolvimento e a sua produção.

ÁGUA

Sem a água não pode existir vida, porque ela desempenha uma série de funções no organismo do homem e de todos os animais, inclusive o cão. Ela é o solvente indispensável dos alimentos, para que eles possam ser digeridos e assimilados pelo organismo; mantém a elasticidade dos tecidos e órgãos; controla e regula a temperatura do corpo, por meio da evaporação, da transpiração, etc.; transporta os elementos nutritivos resultantes da digestão e possibilita a eliminação dos produtos da desassimilação; compõe todos os líquidos e humores do organismo, como o sangue, a linfa, as lágrimas, o leite, etc. Os cães, portanto, devem receber uma quantidade de água suficiente para suprir todas as necessidades do seu organismo.

Quando os cães se alimentam com alimentos secos ou concentrados, como as rações balanceadas, p. ex., necessitam ingerir maior volume de água do que quando sua alimentação é composta também por líquidos.

As cadelas em gestação ou em lactação e os filhotes, principalmente, devem ter, sempre à sua disposição, água limpa, fresca e abundante, para beber, pois quando os cães não bebem água suficiente, perdem o apetite, não assimilam totalmente, os alimentos e emagrecem.

Quanto maior o calor ambiente, maior é a quantidade de água que os cães necessitam beber, porque maiores são as perdas de água do seu organismo, principalmente por evaporação e por transpiração.

Os volumes de água necessários para os cães, estão relacionados diretamente, com o porte ou tamanho do animal; o grau de umidade e a temperatura do seu corpo; o grau de umidade e a temperatura ambiente; o tipo da sua alimentação (seca ou aquosa); seu estado de saúde; sua raça e idade; seu sexo; tipo de alimentação e as perdas de água pelos rins, pulmões e pele, por diversas causas.

A água para os cães deve ser limpa, fresca, sem nenhuma contaminação ou poluição; de preferência potável ou filtrada e colocada em vasilhas bem limpas e desinfetadas porque, quando contaminada ou em más condições físico-químicas, pode transmitir aos cães, doenças infecciosas, parasitárias ou orgânicas ou causar-lhes intoxicações ou envenenamentos graves, e até provocar a sua morte.

Quando não a tiverem sempre à sua disposição, devemos dar-lhes água, no mínimo, 3 vezes ao dia.

DISTRIBUIÇÃO DOS ALIMENTOS

Os filhotes desmamado devem receber 4 a 6 refeições ao dia e os adultos 1 ou 2 vezes. É necessário, no entanto, e isso é muito importante, que os alimentos sejam dados, sempre no mesmo horário e de acordo com a idade dos cães, porque isso facilita a digestão e evita problemas intestinais. A regularidade no horário das refeições tem, ainda, a vantagem de facilitar os serviços e a de permitir que sejam controlados os períodos em que os cães precisam fazer as suas necessidades, inclusive para "levá-los para passear", quando não há um "banheiro" para eles, em sua moradia.

Devemos nos lembrar de que os filhotes comem, em relação ao seu peso, mais alimentos do que os adultos e que, quanto mais ativos são os cães, de mais alimentos eles necessitam para suprir as suas necessidades alimentares ou orgânicas. A alimentação se torna mais importante, ainda, em um canil comercial, porque os cães devem receber alimentos, não só de acordo com a sua idade, raça, produção, tamanho, peso, categoria, número de crias, etc., mas também, em todos os casos, sendo levado em consideração o seu custo/benefício.

QUANTIDADE DE ALIMENTOS

Por melhores que sejam a qualidade e a composição dos alimentos, os cães só ficam bem alimentados, se lhes forem administrados na quantidade necessária para satisfazer as suas necessidades nutritivas, pois importante não é somente a qualidade dos alimentos, mas também a sua quantidade.

É necessário levar em consideração, ainda, que os cães necessitam dos alimentos para manter a sua vida e refazer os desgastes do seu organismo (ração de manutenção) e os necessários para a sua produção de trabalho, de leite, de filhotes, etc., suprido pela ração de produção.

Quando ficam gordos demais ou obesos, os cães devem fazer um regime para emagrecer, sendo para isso, necessário controlar, não só a composição, mas também a quantidade dos alimentos, para que eles não os ingiram em excesso. A qualidade e a composição dos alimentos, não há dúvida alguma, influem e muito, sobre a alimentação ou o regime alimentar dos cães.

A melhor maneira para calcular quanto um cão deve comer, por dia, é dar-lhe alimentos equivalentes a 1/20 do seu peso vivo, o que representa, normalmente, 450 a 1.500g. de acordo com o tamanho ou peso do animal.

DEFEITOS DE ALIMENTAÇÃO E SEUS SINTOMAS

Quando filhotes ou cães maiores não estão se desenvolvendo normalmente e demonstram fraqueza ou "moleza", esses sintomas podem indicar que estão recebendo uma alimentação má, deficiente ou defeituosa, em qualidade ou que sua quantidade é insuficiente.

Outros sintomas, também, podem significar erros ou problemas de alimentação e, entre eles, podemos mencionar:
– mau hálito, que pode ser de origem alimentar, por um excesso de fécula na sua alimentação:
– gases e mau cheiro, provocados por excesso de ovos ou de carne, inclusive fígado;
– pêlos secos, mortos ou caindo, o que pode ser sintoma de falta de gorduras, óleos ou principalmente, de vitaminas;
– muita coceira, mas sem eczema, por falta de vitamina B;
– cão fraco, com musculatura mole, e sem forças, provavelmente, porque a sua alimentação é muito rica em gorduras moles e pobre em elementos energéticos.

DIETA PARA EMAGRECER

Principalmente quando um cão come "só um pedacinho" que as pessoas lhe dão na hora das refeições, quando ele fica em volta da mesa, ou durante o dia, quando lhe dão pedaços de pão ou de outras "coisas" que estão comendo, é que o animal vai engordando cada vez mais. Isso o torna "mole" ou preguiçoso e acaba afetando a sua saúde. Ele chega até a ficar obeso.

Para evitar que isso aconteça, não devemos dar alimentos ao cão, fora das suas refeições.

Quando notarmos que ele está engordando muito, devemos diminuir a sua alimentação mas, se isso não for o suficiente, devemos submeter o cão a uma dieta alimentar, de acordo com a necessidade. Nesse caso, o melhor é levá-lo a um médico veterinário.

Bobtaill ou Pastor Inglês de Cauda Curta

Fox Terrier

Fox Terrier Pêlo de Arame

Skye Terrier

Schnauzer médio

Pequinês

CAPÍTULO 15

HIGIENE E TRATAMENTO DO CÃO

HIGIENE BUCAL

Deve ser feita regularmente, por ser muito importante, principalmente no combate às cáries dentárias, ao tártaro, à queda prematura dos dentes, a infecções na boca, principalmente nas gengivas, ao mau hálito, etc. Para que ela seja eficiente, no entanto, devemos tomar os seguintes cuidados: escovar os seus dentes, no mínimo, 1 vez por semana; não usar pasta de dentes de uso humano, nos cães, porque o flúor e os sabões que elas contêm, fazem mal ao seu estômago e, por isso, só empregar pastas dentais para uso canino; não jogar pedras para os cães irem buscar, porque podem causar ferimentos ou lesões nas gengivas e até quebras e perdas de dentes; dar aos cães ossos para roerem e alimentos duros para comerem como, p. ex., pescoço de frango, coração, etc., para evitar a formação de tártaro, cáries dentárias, etc.

O mau hálito de um cão pode ser causado por dentes descarnados, devido, geralmente, ao tártaro dentário; cáries; infecções dentárias; amídalas com pus; problemas de alimentação, etc.

COMO ESCOVAR O SCHNAUZER

A escova é, talvez, o objeto mais importante para manter a higiene e a beleza de um cão, pois é muito difícil ele ficar bonito se não for bem escovado e, de preferência, todos os dias. Isso ocorre porque a passagem da escova sobre a sua pele limpa os seus pêlos, elimina a poeira, os pêlos mortos e os parasitas como pulgas, piolhos e carrapatos, além de concorrer para que não fiquem com mau cheiro e para estimular a sua circulação sanguínea.

O melhor, para escovar um cão, é colocá-lo sobre uma prancha ou mesa, cuja tampa não seja escorregadia. Para isso, ela deve ser forrada com um pano áspero e fixo ou por um tapetinho ou forro de borracha, para que o cão nela não escorregue. Essa mesa deve ser mantida sempre, no mesmo lugar, pois o cão se acostuma e fica mais calmo e se deixa pentear, com mais facilidade.

Quando o cão fica se mexendo muito, devemos dar-lhe, energicamente, a ordem "QUIETO". Essa ordem deve ser repetida e de maneira enérgica, quantas vezes forem necessárias, pois o cão passa a obedecê-la, em pouco tempo.

No caso de um cão novo ou de um filhote, devemos tomar algumas precauções para que ele não tente pular da mesa ou fique brincando em cima dela porque, além de atrapalhar o serviço, ele pode cair ao chão e se machucar. Por isso: 1 – colocamos o cãozinho em pé, em cima da mesa e com a cabeça virada para o lado esquerdo da pessoa que vai escová-lo e que, ao mesmo tempo, coloca a mão esquerda entre as pernas da frente, do animal e o segura firme, por baixo, pelo peito, mas sem o machucar e sem o deixar escapar; 2 – com a escova na mão direita, a pessoa o vai escovando bem, a começar pela cabeça e indo até à sua parte traseira, até que esse lado fique "pronto"; 3 – o cão é virado, então, para o outro lado e a pessoa que o está escovando, coloca a mão esquerda entre as pernas traseiras do cão, segura-o firme, pela barriga, escova o seu lado direito, que ainda não foi limpo, e termina o trabalho. Depois que for escovado algumas vezes, o cão se acostuma e fica quieto e se deixa escovar, com facilidade.

O USO DE PENTES

Grande é a variedade de modelos de pentes para cães. Existe, também, um grande número de tipos, tamanhos e utilizações, de acordo com a raça dos cães, a necessidade, etc. Devemos, no entanto, escolher, no presente caso, os pentes que sejam os melhores ou mais indicados para pentear os Schnauzers.

É preciso tomarmos muito cuidado, tanto para escovar quanto para pentear certas regiões do corpo do cão, porque elas são mais delicadas e sensíveis como, p. ex., as suas orelhas que, quando são machucadas, fazem o cão sofrer, às vezes, dores bastante fortes. Para lhes dar maior brilho e para que os seus pêlos fiquem, ainda, mais bonitos, podemos passar, sobre o cão, uma luva especial ou até mesmo uma flanela.

É importante, também, examinarmos o interior das orelhas e dos ouvidos do cão, e fazermos neles, uma boa limpeza, para evitar algum problema que possa neles aparecer.

BANHO NORMAL

Os Schnauzers, normalmente, gostam de água e de tomar banho, o que é muito bom, porque ele é indispensável para a sua higiene e a sua limpeza, pois quando bem lavados, ficam livres de todas as "sujeiras" como poeiras, terra, lama, fezes de outros animais ou deles mesmos, manchas de óleos, de tintas, etc., parasitas como pulgas, piolhos e carrapatos, o que melhora o seu aspecto e lhes alivia e dá um certo conforto. Com o banho, os seus pêlos ficam limpos e desembaraçados e podem ser escovados melhor, bem penteados e mais bem tratados, o que os faz ficar mais bonitos e brilhantes e, também, sem nenhum cheiro desagradável.

Os cães que não tomam banho ficam sujos, com um mau aspecto e com o seu cheiro natural muito forte e desagradável.

Quando o filhote atinge 4 ou 5 semanas de idade, ou mesmo antes, quando for necessário, e desde que sejam tomados os devidos cuidados, ele já pode tomar o seu primeiro banho.

Podemos dar um bom banho, em um Schnauzer mas, para isso, devemos: 1 – colocar o animal em uma banheira, mas com um tapetinho de borracha, no fundo, o que lhe proporciona maior conforto e facilita o seu banho, porque ele não fica sob tensão, preocupado em não escorregar; 2 – o banho deve ser dado em um local bem abrigado e livre de ventos, correntes de ar e do frio, principalmente do inverno; 3 – a água para o banho deve ser limpa, morna e nunca muito quente; 4 – para que os seus pêlos fiquem mais limpos, soltos e brilhantes, podemos usar no seu banho, xampu, creme rinse ou sabonetes especiais para cães; 5 – usar uma pequena mangueira fina ou um chuveirinho com água morna, para encharcar bem, todo o corpo do animal e depois a sua cabeça mas, com todo o cuidado para não deixar entrar água nos seus ouvidos. O melhor, para o isso, é colocar um pedaço de algodão nos ouvidos do cão; 6 – ensaboá-lo bem, esfregando-o bastante, para que ele fique bem limpo e com os pêlos soltos e brilhantes; 7 – depois de ensaboado, devemos enxaguá-lo muito bem, para retirar todo o sabonete ou xampu; 8 – enxugar bem, o cão, com uma toalha felpuda e 9 – usar um secador elétrico, mas apenas com o ar morno, para que ele fique com os seus pêlos bem secos.

É muito importante que, durante o banho e depois dele, o cão seja protegido de ventos, de correntes de ar e do frio, para que ele não pegue um resfriado.

Quando ele começa a espirrar depois do banho e apresenta um ligeiro corrimento nasal, parecendo um resfriado, trata-se, geralmente, de uma irritação provocada pelo sabonete ou pelo xampu usados para lhe dar o banho.

Os cães devem tomar banho, 1 vez por semana; de 15 em 15 dias ou de 30 em 30 dias, no máximo, pois banhos muito freqüentes os prejudicam, porque removem a camada oleosa que protege a sua pele e que necessita de 1 semana, mais ou menos, para se recompor. Em casos de emergência, no entanto, podemos dar-lhes banhos até mais de uma vez, no mesmo dia como, p. ex., quando se sujarem com óleos, substâncias químicas, causticantes, etc.

Em determinadas circunstâncias, no entanto, não devemos dar banhos em cães como, p. ex., em cadelas no seu 1º mês de gestação; filhotes com menos de 12 semanas de idade, exceto em casos de necessidade, mas somente com água morna e com muito cuidado para não entrar água nos seus ouvidos e nos seus olhos; em animais doentes, com febre ou com indisposição, mesmo que passageiras.

Quando os cães não puderem tomar os banhos, normalmente, podemos fazer a sua higiene com desodorantes, talcos, etc., desde que de uso canino.

BANHO A SECO

Podemos dar banhos nos cães, sem o emprego de água, mas usando produtos adequados para isso, como xampus e talcos especiais: são os conhecidos como "banhos a seco". Eles, no entanto, só devem ser empregados quando os cães não puderem tomar o banho comum, com água, por estarem doentes ou por qualquer outro motivo.

OUTRO TIPO DE BANHO

Além do banho normal, com água ou do banho a seco temos, ainda, uma 3ª alternativa, que é a de dar o banho, no cão, empregando uma fórmula caseira, cuja composição é: – 1 copo de água morna; 1 colher das de sopa de vinagre branco e 1 colher das de sopa, de álcool. Misturar bem, esses ingredientes, e depois, passar o líquido obtido, nos pêlos do cão.

LIMPEZA DOS OUVIDOS

Para limpar os ouvidos do Schnauzer, devemos tomar todo o cuidado para não machucá-lo, porque isso provocaria dores fortes e poderia causar otites e outros danos ao seu ouvido interno.

Podemos, para isso, utilizar um cotonete ou um algodão com álcool ou um óleo vegetal para uso humano, infantil. Devemos, depois, usar um algodão seco, para retirar a cera.

A limpeza é para evitar problemas, quando eles estiverem sujos, com alguma lesão ou quando cai água dentro deles, para evitar que o cão tenha inflamações ou dores de ouvido, porque elas fazem os animais sofrerem bastante.

UTILIDADES PARA OS CÃES

Além do banho, para os cães ficarem bem limpos e bonitos, com aquele "ar de limpeza", podemos fazer com que eles fiquem, também, perfumados, porque existem xampus e perfumes especiais para cães, imitações, inclusive, de famosos perfumes franceses.

ROUPAS E ACESSÓRIOS

Além de ficarem "limpinhos" e bem perfumados, os cães podem, ainda, se "vestir" e até mesmo com uma certa elegância, porque eles têm, à sua disposição, elegantes camisas, inclusive esportivas, com as cores do seu clube; bonés; capas; macacões; blazers; gravatinha "borboleta"; capas de chuva; botas; sapatos; mochilas para viagens, para eles mesmos carregarem; fitas para a cabeça; óculos de Sol; adornos, "jóias", etc.

Podemos adquirir, também, calças plásticas, para que eles não "sujem" a casa, principalmente quando são levados para visitar outro local ou quando a cadela está com "sangramento".

Também brinquedos são encontrados à disposição dos cães. Podemos mencionar, entre eles, bichinhos; bolas; hamburgueres, pirulitos e ossos de plástico, especiais para eles brincarem e morderem, limpando e afiando os seus dentes.

OUTROS PRODUTOS

Para que os cães não entrem ou fiquem onde não devem, existem produtos especiais ou repelentes, líquidos ou em massa, e que podem, também, ser colocados nos pés de móveis ou em outros locais, para que os cães não os sujem, arranhem, mordam ou mastiguem, danificando-os ou os destruindo.

Além do conforto de que dispõem os cães, nas instalações em que vivem, eles têm, também, algumas regalias como, p. ex., ótimos e saborosos alimentos e bebidas especiais, entre os quais, refrigerantes.

TOSA OU TRIMMING

É empregado para completar a higiene e a forma ou elegância do Schnauzer e que o embeleza bastante, melhorando muito a sua apresentação, o que traz um grande prazer e maior satisfação a seu dono.

Naturalmente, o trimming dos Schnauzers deve ser feito somente por pessoa especializada e de acordo com o exigido pelo padrão da raça.

CAPÍTULO 16

DOENÇAS E VACINAÇÃO

Entre as doenças que podem atacar os Schnauzers e outros cães, temos as que serão estudadas, a seguir.

VERMINOSES

Uma ninhada raramente consegue se livrar de um ataque por vermes intestinais, por maiores que sejam os cuidados com a sua higiene, porque os filhotes se infestam ao mamarem nas tetas que se sujam e ficam contaminadas quando a cadela se deita e elas ficam encostadas e são esfregadas no chão.

Quando o filhote está infestado por vermes intestinais fica abatido e triste; vai perdendo cada vez mais peso, devido a um emagrecimento progressivo; seu ventre torna-se inchado e volumoso; seus pêlos perdem o brilho e ficam foscos; apresenta diarréia e mucosidade nas fezes; pode eliminar vermes nas fezes ou então "bolos" ou novelos de vermes saindo pelo ânus.

Quando apresenta sintomas de uma verminose, o filhote deve tomar um vermífugo, mesmo antes de desmamar, para que elimine os vermes, fique curado e recupere o seu bom estado físico.

Quando dermos ao filhote, as pílulas de vermífugos, por via oral, devemos colocá-las bem no fundo da sua boca e, para que ele não as cuspa, devemos mantê-la bem fechada, até que ele engula o medicamento.

Devemos fazer, como rotina, a vermifugação dos filhotes e eles só devem ser vendidos após haverem tomado o vermífugo.

DOENÇAS E VACINAS

Todo filhote deve ser vacinado, como rotina, contra algumas doenças, entre as quais, as que se seguem.

CINOMOSE. Muito contagiosa, é uma doença infecciosa causada por um vírus. Seus sintomas são os mais variados, sendo o mais comum e típico, o aparecimento de "bolinhas" amarelas, de pus, na barriga do cão. Ataca os aparelhos respiratório e digestivo ou o sistema nervoso do cão. São por ela atacados os cães de todas as idades, principalmente os novos, de 2 a 6 meses, o que pode ser fatal. Existe uma vacina eficaz contra essa doença e que deve ser aplicada no cão, anualmente.

HEPATITE INFECCIOSA. Os cães muito jovens e os muito velhos são os mais sujeitos a ela. Ataca o fígado, provoca dores abdominais, sangramento, depressão, etc. A vacina contra a hepatite é eficiente e deve ser dada ao cão, todos os anos.

LEPTOSPIROSE. É transmitida, principalmente pela urina do rato e ataca, também, o homem, sendo uma doença grave. Não há sintomas específicos, sendo todos os seus sintomas gerais: perda de apetite, fraqueza, vômitos e febre alta, o que torna o seu diagnóstico clínico não muito fácil. Vacinar todos os anos.

PARVOVIROSE. Causada por um vírus, é uma doença infecciosa grave, atacando os cães de todas as idades. Pode ser mortal. Vacinação anual.

CORONAVIROSE. É causada pelo Coronavirus (CCV), é muito contagiosa e de elevada mortalidade, principalmente entre os cães jovens. Já se espalhou por todo o mundo. Não é transmissível ao homem. Seus sintomas principais são: prostração; letargia; falta de apetite; diarréia com fezes amareladas, alaranjadas ou sanguinolentas, com forte cheiro fétido característico e com muco; vômitos biliosos, espumantes e, às vezes, sanguinolentos.

O período de incubação da doença varia de 24 a 36 horas ou pode ser mais longo. Os cães por ela atacados podem se recuperar, geralmente de 7 a 10 dias após o seu início. Vacinar os cães, anualmente, é a melhor maneira de combatê-la ou evitá-la.

INFLUENZA OU INFECÇÃO TRÁQUEO-BRONQUIAL CANINA. Transmitida por contato direto ou indireto com doentes, ataca o aparelho respiratório dos cães de todas as idades. É uma das mais perigosas doenças para os cães e, por isso, quanto mais rapidamente eles forem medicados, maiores serão as suas probabilidades de cura. Apresenta os seguintes sintomas: febre alta e tosse forte, com catarro ou mucosidade. Dura, geralmente, de 2 a 4 semanas. Vacinar os cães, contra essa doença.

Existem vacinas múltiplas contra essas doenças, o que facilita a sua aplicação.

RAIVA. É uma virose transmitida pelo contato com a saliva de um animal raivoso, principalmente um cão, o seu maior disseminador, por mordida ou por lambedura, ao homem, a outro cão ou a outros animais, de outras espécies como, p. ex., o gato. É uma doença mortal. Também os morcegos a podem transmitir, principalmente os hematófagos ou "vampiros", que se alimentam do sangue que todas as noites eles sugam de animais como cavalos, bois, etc. Eles atacam, também, as pessoas, geralmente quando estão dormindo.

A vacina anti-rábica deve ser aplicada quando o cão atinge 4 (quatro) meses de idade e depois, uma vez por ano.

TABELA DE DOSAGENS

Para facilitar as pessoas que lidam com os animais damos, a seguir, uma tabela comparativa ou de equivalência entre diversas medidas e os seus valores oficiais.

1 colher de sopa	10ml a 15ml
1 colher de sobremesa	8ml
1 colher de chá	5ml
1 xícara de chá	120ml
1 copo comum	200ml
1cc	1ml
1 libra	454gr
1 onça	30gr

Brida. Fêmea Minischnauzer sal-e-pimenta. Idade: 4 meses. Prop. Deolinda Teixeira. Canil Don Clar's. São Paulo-SP.

Zoogbi. Macho Minischnauzer sal-e-pimenta. Criadora: Deolinda Teixeira. Canil Don Clar's. São Paulo-SP.

CAPÍTULO 17

TREINAMENTO DOS SCHNAUZERS

Como verificamos anteriormente, temos o Schnauzer Gigante, o Standard e o Miniatura, que se diferenciam, na prática, somente pelo tamanho e, por esse motivo, o treinamento é o mesmo, para os 3 Schnauzers. Em certos casos, no entanto, os exercícios devem variar, de acordo com o tamanho do cão, pois não podemos, muitas vezes, exigir que um Minischnauzer faça a mesma coisa que um Schnauzer Gigante ou um Schnauzer Standard.

Pelos motivos expostos, apresentaremos, no presente capítulo, como ensinar e treinar os Schnauzers, as ordens que lhes devem ser dadas e como fazer para que as obedeçam.

A base do ensino ou treinamento é ensinar o cão a obedecer e a respeitar algumas regras de comportamento, o que não é difícil, se isso por iniciado quando o filhote ainda é novo, embora, para que sejam obtidos bons resultados, sejam necessárias paciência e perseverança. Além disso, não devemos desanimar, mesmo quando for necessário ter mais um pouco de trabalho, pois é desse começo que vai depender todo o relacionamento entre o cão, o seu dono e todas as pessoas que com ele convivam ou tenham contato, estranhos e o ambiente em que vive o animal.

Devemos, no entanto, nos lembrar, sempre, de que o objetivo do ensino ou treinamento não é o de quebrar a vontade, o caráter ou o orgulho do cão, dominando-o totalmente, mas o de ensinar-lhe algumas coisas, orientando-o para que melhor se adapte ao convívio com as pessoas, o que, muitas vezes, o obriga a controlar os seus hábitos ou costumes naturais. Importante, no entanto, é mostrar-lhe que ele deve nos reconhecer como o seu chefe ou líder, pela autoridade que lhe impomos e pela justiça com que o tratamos. Isso não é difícil, porque, quando vivia em matilha, o cão possuía um líder que ele obedecia e respeitava, mas contra o qual lutava pela liderança do seu bando, quando percebia que ele vacilava nas suas atitudes de chefe ou que ele estava ficando velho e que não mais possuía a mesma energia exigida pela sua função de líder.

Como os cães variam muito de inteligência, temperamento, etc., não existem fórmulas rígidas para ensiná-los ou treiná-los, principalmente porque eles se adaptam ao temperamento e aos hábitos do seu dono.

Ensinar os cães, podemos defini-lo, é induzi-los e acostumá-los a fazer, de boa vontade e até mesmo com prazer ou alegria, coisas que os tornem úteis ou agradáveis e para evitar que mantenham hábitos indesejáveis para a sua convivência com os homens.

Ao ensinarmos ou treinarmos cães, é importante nos lembrarmos de que eles são animais e de que, certos hábitos ou atitudes são, para eles, normais e instintivos, e não maus, como muitas vezes, são interpretados por algumas pessoas.

ENSINO

Quando os filhotes ainda estão mamando e controlamos o seu comportamento ao mamar, já podemos dizer que começamos o seu ensino. O próximo passo é ensiná-los a não roubar ou comer a comida dos seus irmãos ou companheiros, dando-lhes a ordem "NÃO" e os elogiando dizendo "MUITO BEM", etc., mas sempre os agradando, quando eles retornam aos seus próprios pratos. Dessa forma, eles passam a distinguir os tons da voz, ou seja, quando meiga, carinhosa ou delicada, de aprovação, isto é, a maneira de agradar do "MUITO BEM".

Importante, também, é só sair com os filhotes, para passear, depois que eles forem vacinados, inclusive contra a raiva, aos 4 meses de idade. Devemos evitar, também, que eles andem muito, para não forçar os ligamentos das suas patas, pois eles ainda são bastante fracos e os filhotes se cansam com certa facilidade.

Os cães podem começar a ser ensinados ainda bem cedo, mas o seu treinamento, só a partir dos 4 meses de idade, quando para exposições, ou então com 8 a 9 meses de idade.

TREINAMENTO, PALAVRAS E ORDENS

Os cães devem ser treinados para que possam melhor entender as pessoas e com elas conviver da melhor maneira possível, respeitando-as, obedecendo as suas ordens e sendo até, muitas vezes, considerados como fazendo parte da família do seu dono. Indispensável, no entanto, é que os cães sintam firmeza e energia no seu dono ou treinador, para que o respeite e o obedeça com mais facilidade. O treinamento deve ser feito com bastante regularidade e não ser interrompido até serem obtidos os resultados desejados, isto é, atingidos os seus objetivos.

Os cães não entendem as palavras e, por isso, devemos relacioná-las aos sons, aos tons de voz e a gestos, porque eles passam a ligar os sons e os seus tons, aos gestos e começam a compreender, melhor, as ordens que lhes são dadas. Também por esses motivos, os comandos devem ser dados com energia e palavras curtas, quando se tratar de ordens; meigas, quando elogiosas; zangadas, para repreender e carinhosas, quando se tratar de agrado ou de elogio, quando eles obedecerem ordens, executarem um bom trabalho ou quando vão dormir.

Quando recebem ordens, os cães devem obedecê-las imediatamente, sem dúvidas ou preguiça. Quando eles acertam e recebem elogios e agrados, ficam com vontade de acertar, porque ligam o fato de haverem acertado, aos carinhos e elogios recebidos.

Devemos nos lembrar sempre, de que impaciência, gritos e brutalidade nada resolvem, mas revelam que a pessoa que age dessa maneira, não tem condições para treinar cães porque, para isso, é importante ter muita paciência. Não podemos, também, querer ensinar-lhes várias coisas ao mesmo tempo ou em pouco tempo, pois isso os deixaria desorientados e os resultados seriam, possivelmente, os piores possíveis.

A inteligência e o temperamento dos cães variam muito e, por isso, os seus donos seriam as pessoas mais qualificadas para ensiná-los e treiná-los, desde que eles reconheçam os donos como os seus chefes ou líderes. Além disso, é necessário que as ordens sejam claras e precisas e que os cães sejam tratados com energia, mas com justiça, bondade e carinho, quando eles o merecerem. As ordens dadas aos cães devem ir, aos poucos, sendo substituídas por gestos, como poderemos verificar mais adiante.

OS EXERCÍCIOS

Desde filhotes, os cães de todas as idades devem fazer exercícios, para que se mantenham sadios e espertos. Somente deixá-los soltos e livres para andar, correr e brincar ou então passear com eles, mesmo com a guia, são atividades que significam bons exercícios para esses animais e que apresentam a vantagem de poderem ser feitos em pequenos espaços, inclusive jardins, quintais e até em apartamentos.

Como as pessoas, também os cães devem fazer um "aquecimento" antes de começarem exercícios mais "puxados", para evitar luxações, distensões, etc. Eles podem, também, andar ou trotar junto com o dono, quando ele faz a sua caminhada, dá a sua corrida diária ou anda de bicicleta e vai puxando o seu cão. Outros bons exercícios para os cães, são correr atrás de objetos como bolas, halteres, discos voadores de plásticos e que, de preferência, não possam ser rasgados pelos cães, bolas especiais duras, de plástico e aromatizadas, para facilitar os cães a encontrá-las, etc.

REGRAS PARA O TREINAMENTO

Durante o treinamento dos cães e a sua convivência com os homens, devem ser seguidas algumas regras, entre as quais, por serem importantes: não castigá-los por alguma falta, mas ao mesmo tempo, permitir que eles a repitam, dando-lhes, para isso, a oportunidade necessária; estimulá-los durante o ensino ou treinamento, com elogios, carinhos e recompensas, inclusive guloseimas, quando eles o merecerem e repreendê-los e até castigá-los, quando isso se fizer necessário.

Os cães, por mais inteligentes que sejam, e às vezes com um elevado Q.I. não deixam, no entanto, de pensar e de se comportarem como animais sendo, por isso, necessário controlar e entender o seu comportamento como, p. ex., nos seguintes casos: cães que nunca brigaram, embora vivessem sempre juntos, um dia têm a sua primeira briga, porque lutar faz parte da sua natureza.

Quando está brigando, mesmo que o seu dono o chame, o cão não o atende, embora sempre o faça, porque ele não foge da luta para não parecer covarde e ficar desmoralizado. Não adianta bater em 2 cães que estão brigando, para separar a brigar, porque eles nem sentem as pancadas. O melhor é jogar água fria no seu focinho e só os separar depois que eles pararem de brigar. Quando não houver água para isso, devemos segurar as pernas traseiras dos cães e puxá-las para cima e para um dos lados, o que acaba com a luta.

Não devemos tentar separar cães que estão brigando, pela frente, para não levarmos, às vezes, fortes e violentas mordidas.

A briga entre 2 cães que sempre foram amigos é sinal de que estão agindo pelo seu instinto, herdado de seus ancestrais, quando eles lutavam pela liderança ou chefia do seu bando.

Além do mencionado, sabemos que os cães reconhecem o homem como o seu líder indiscutível; que eles são inimigos naturais de outros animais como os gatos, p. ex., embora possam se tornar grandes amigos quando são criados juntos, desde pequenos, ou quando a "apresentação" entre eles é bem feita. Conhecemos casos de cadelas amamentarem gatinhos e depois cuidarem deles até ficarem adultos.

Outro caso de comportamento estranho é o dos cães que se deitam em "sujeiras" como estercos, animais mortos, etc. e que não são "sujos" ou "porcos", como pode parecer. O que eles estão fazendo é por instinto e o mesmo que faziam os seus ancestrais para "pegarem" algum cheiro diferente do seu próprio, podendo assim, surpreender outros animais, ou seja, a sua caça, mesmo com o vento desfavorável.

Devemos evitar que os cães aprendam a abrir portas, portões e janelas, para impedir que fujam de casa e até desapareçam, sejam roubados, etc.

A ORDEM "NÃO"

Cremos que ela seja, talvez, a mais importante ordem que podemos dar a um cão, mas sempre em tom enérgico ou zangado, porque ele deve parar, imediatamente, o que estiver fazendo, seja o que for. Quando, p.ex., ele estiver roendo ou comendo alguma coisa e receber a ordem "NÃO", e continuar, não obedecendo, deve ser castigado, na hora. Para isso, batemos nele com um jornal enrolado e, ao mesmo tempo, bem zangados, repetimos, "NÃO".

Se ensinarmos um cão a obedecer essa ordem, imediatamente, podemos evitar muitos problemas, às vezes sérios, e até mesmo uma desgraça como, p. ex., quando o cão ataca uma pessoa, principalmente quando é uma criança.

Como os cães são muito inteligentes, não sendo ensinados ou treinados com a energia necessária, eles percebem a fraqueza do seu dono, podem até dominá-lo e passar a fazer somente o que querem, chegando até a ser "os donos da casa", pois todas as pessoas que nela vivem, passam a viver em função dos hábitos, costumes e humores desses cães.

É muito importante e necessário, demonstrarmos aos cães o que deles desejamos e queremos, pois eles não podem adivinhar as nossas intenções e, por isso, o que devem fazer. É importante nos lembrarmos, também, de que os cães podem se comunicar com os homens, através da sua "linguagem", ou seja, naturalmente, à sua maneira, bastando que tentemos conhecê-la, para que a possamos interpretar.

COMO TIRAR AS "MANHAS" DOS CÃES

Não devemos deixar que os cãezinhos façam, quando pequenos, e por mais "bonitinhos" ou "engraçadinhos" que sejam, o que não vamos deixar que façam quando crescerem, como correr atrás de outros animais como gatos, aves, etc.; roer objetos, arranhar móveis, deitar em sofás, poltronas, cadeiras e camas; pular portões e cercas; "caçar" carros que passam pela rua ou estrada; roubar comida; "sujar" dentro de casa; latir demais, etc.

Os cães reconhecem o dono mais pelo "cheiro" do que pela visão. Eles não entendem as palavras, mas reconhecem, apenas, os sons e os seus tons e por isso, reagem de acordo com eles e não com as palavras que lhe são dirigidas. Quando os cães levantam e esticam a pata, para alguma pessoa, é porque estão pedindo ou querendo alguma coisa, pois esse era o gesto que eles faziam quando empurravam e "cutucavam" as mamas da cadela, quando estavam mamando, para que delas saísse mais leite, com o qual se alimentavam.

Devemos, também, dar aos cães, objetos e brinquedos como bolas, ossos artificiais, etc., para que com eles se acostumem e tenham com o que brincar, quando ficarem sozinhos em casa e não peguem coisas que não devem, como sapatos, almofadas, tapetes, etc, pois, sempre os estragam ou destróem.

COMO EVITAR QUE O CÃO ARRANHE A PORTA

Muitos cães, quando querem entrar ou sair de casa, tentam abri-las com as patas e as arranham toda. Além disso, ainda ficam" "chorando" ou ganindo para que alguém venha abri-la para eles. Isso, além de incomodar devido ao barulho que os cães fazem, ainda dá prejuízo, porque eles estragam a porta arranhando a sua pintura.

Para combater esse mau hábito do cão, quando ele começar a arranhar a porta devemos, zangados e energicamente, dar-lhe a ordem "NÃO". Se ele não obedecer e arranhá-la outra vez, dizemos, ou melhor, gritamos, com mais energia e, com um jornal enrolado, lhe damos uma pancada no focinho e repetimos "NÃO". Geralmente, isso resolve o problema e o cão não mais arranha a porta de casa.

NÃO MEXER NAS COISAS

Desde pequeno, o cãozinho deve ser ensinado a não mexer nas coisas e nem ficar pegando e roendo sapatos, chinelos, almofadas, toalhas, móveis, etc. O melhor é retirar do seu alcance, tudo o que for possível, até ele aprender a não mexer naquilo que não deve.

Quando lhe damos o primeiro brinquedo, para que com ele se distraia e se desinteresse pelos objetos existentes na casa, já estamos com isso, iniciando o seu treinamento. Entre os brinquedos que lhe podemos dar, temos as bolas com as quais ele brinca e corre atrás, fazendo com isso, um bom exercício, e os ossos artificiais ou então um osso grande, como um mocotó de boi porque, pelo seu cheiro, ele atrai mais o cão do que qualquer outro objeto.

Também importante é lhe ensinarmos o que lhe é permitido e o que lhe é proibido fazer, e isso, principalmente com o emprego da ordem "NÃO, como já o mencionamos.

A VIR ATÉ ONDE ESTÁ O DONO

O cão deve obedecer quando for chamado, recebendo a ordem "AQUI", correndo imediatamente e sem parar pelo caminho, indo diretamente para onde estiver o seu dono. Para que ele, no entanto, o faça de boa vontade e alegre, principalmente no começo do treinamento, é necessário que, ao chegar, seja recebido com agrados, carinho e até com guloseimas, mesmo quando ele não haja obedecido com presteza, o que vai sendo corrigido durante o treinamento, porque o cão sabe que vai ser bem recebido, por isso.

Quando necessário, nas primeiras aulas, o cão pode ser preso a uma guia de 20 a 30m de comprimento, para ser puxada quando a ordem "AQUI" não for obedecida imediatamente e ele não vier correndo para o seu dono e parar sentado à sua frente, até que receba uma nova ordem, geralmente "JUNTO", para ele se sentar ao seu lado esquerdo.

Quando o cão não obedecer e não vier, mesmo sendo chamado, não devemos ir onde ele está ou dele nos aproximarmos. O que devemos fazer é obrigá-lo a obedecer.

O cão pode ser treinado da mesma forma, mas para obedecer quando for chamado por um assobio, um apito comum, normal ou até mesmo com um apito especial que emite uma freqüência de onda que não é detectada pelo ouvido humano, mas que é muito bem captada pelo ouvido do cão, que a escuta muito bem.

A ANDAR JUNTO AO DONO

Para podermos passear normalmente com um cão, no mesmo passo, sem que ele nos arraste ou que pare por qualquer coisa e a toda hora, devemos treiná-lo a "andar junto". O seu treinamento deve ser feito da seguinte maneira: 1 – fazer o cão andar do nosso lado esquerdo, na mesma direção e com a cabeça na altura do nosso joelho; 2 – caso ele se afaste, batemos com a mão na nossa perna esquerda e damos a ordem "JUNTO"; 3 – andamos mais ou menos no mesmo passo ou mais ou menos na mesma velocidade que o cão, não o deixando se adiantar ou se atrasar, puxando, para isso, a sua guia; 4 – nas primeiras aulas, devemos andar somente em linha reta mas, nas seguintes, o fazemos em diversas direções; 5 – as aulas devem durar de 10 a 20 minutos, para que o cão não se canse muito; 6 – não devemos bater no cão, com a sua guia, para que ele não faça nenhuma ligação entre guia e castigo; 7 – sempre que ele fizer bem os exercícios, devemos elogiá-lo e fazer-lhe carinhos; 8 – castigar o cão somente quando isso for absolutamente necessário; 9 – quando ele fizer alguma coisa errada, devemos dizer-lhe, energicamente, "NÃO", mas devemos dizer-lhe, também, "MUITO BEM", ao mesmo tempo em que o agradamos, quando ele o merecer.

Quando o cão andar "JUNTO", naturalmente, sem precisarmos dar puxões na guia, isso indica que ele já pode ser treinado sem estar preso a ela e, portanto, livre. No primeiro dia, porém, devemos mantê-lo com a guia mas, sem que ele o perceba, durante o passeio a soltamos, mas continuamos a andar normalmente, sempre dando as ordens necessárias. Caso, no entanto, seja necessário, tornamos a prender o cão, na guia e continuamos, normalmente. A guia deve ser mantida sempre esticada mas sem forçá-la, para que seja puxada, quando necessário.

A SENTAR

Ensinar um cão a sentar, quando mandado, é muito fácil, bastando, com ele parado: 1 – segurar a guia com uma das mãos e a puxar para cima. 2 – colocar a outra mão sobre a anca do animal, fazer pressão para baixo e dar a ordem "SENTA" e assim, o manter sentado; 3 – se o cão tentar se levantar, nos o forçamos a permanecer sentado e damos a ordem "SENTA", com toda a energia, mas o elogiando e agradando, se ele obedecer.

A SENTAR NA VERTICAL, SÓ NAS PERNAS TRASEIRAS

Para o cão aprender a ficar nessa posição, devemos: 1 – dar a ordem "cumprimenta", para que ele fique sentado, normalmente; 2 – seguramos, em cada mão, uma das patas da frente do cão e as levantamos para que ele fique com o corpo na posição vertical e, ao mesmo tempo, o vamos ajeitando, para que ele mantenha um certo equilíbrio podendo, em poucas aulas, manter, normalmente, essa posição. Sempre que, durante o treinamento, ele ficar na posição correta, devemos agradá-lo e elogiá-lo pois isso o estimula a aprender.

A DEITAR

Para ensinar um cão a se deitar, quando mandado, não há problema e, para isso, devemos: 1 – mandar o cão sentar-se; 2 – pegar as suas pernas dianteiras, levantá-las, esticá-las um pouco, para a frente e colocá-las esticadas, no chão; 3 – com a mão sobre a cernelha do cão, fazemos pressão para baixo e 4 – obrigamos o cão a ficar nessa posição, dando-lhe a ordem "DEITA". Ele deve permanecer deitado até que receba uma ordem para se levantar.

Outra maneira, bem diferente, de ensinar um cão a deitar-se, é a seguinte: 1 – com uma das mãos, pegamos a guia, bem junto à coleira e a forçamos para baixo; 2 – ao mesmo tempo, com a outra mão, forçamos o corpo do cão para baixo e damos, também, a ordem "DEITA".

Uma 3ª maneira para ensinar o cão a se deitar, quando mandado, é: 1 – passar a guia por baixo da sola de um dos nossos sapatos, usando-o como uma roldana ou talha; 2 – puxar a guia para cima, o que força o pescoço do animal, para baixo e, ao mesmo tempo, damos a ordem "DEITA". Após alguns dias de treinamento, o cão se deita logo que recebe a ordem para isso e permanece nessa posição, até que receba outra ordem para se levantar.

A PEGAR OBJETOS

Ao receber a ordem "PEGA", o cão deve pegar imediatamente, com a boca, o objeto que lhe foi indicado e o trazer para o dono, o que é relativamente fácil. Em pouco tempo ele aprende a buscar os objetos que lhe mandam e os traz, diretamente, à pessoa que lhe deu a ordem.

AS ORDENS "NÃO" E PEGA – TREINAMENTO

Adotamos, e sempre com os melhores resultados, para os cães obedecerem as ordens "NÃO" e "PEGA", o seguinte treinamento: 1 – pegamos uma cordinha de uns 2 ou 3m de comprimento e, amarrado em uma de suas pontas, um objeto, de preferência, que o cão já conheça; 2 – colocamos o animal parado e de pé, à nossa frente, mais ou menos a uma distância equivalente ao comprimento da cordinha; 3 – passamos a girar a cordinha, bem devagar, o que faz o objeto preso à sua ponta, se movimentar em círculo e a passar, a cada volta, perto da cabeça do cão, que o acompanha com o olhar. Vamos, ao mesmo tempo, dizendo "NÃO", para que o cão não o abocanhe, quando ele passar próximo e pouco acima da sua cabeça; 4 – quando o cão menos espera, damos a ordem "PEGA" e ele abocanha o objeto, quando este passa próximo à sua cabeça; 5 – quando o cão está com o objeto na boca, devemos acariciá-lo e elogiá-lo bastante e depois damos a ordem "LARGA", tornando a agradá-lo e a elogiá-lo.

Devemos continuar o mesmo exercício com a cordinha, mas alternando as ordens "NÃO" e "PEGA". Além disso, devemos ir aumentando, gradativamente, a velocidade e a altura do objeto, para que o cão pule, cada vez mais alto e mais rápido.

Esse treinamento é muito bom porque, além de ensinar obediência, ao cão, melhora muito o seu preparo físico sendo ainda, um bom treinamento para ele saltar e pegar objetos em movimento, o que passa a fazer com grande facilidade.

Com esse treinamento, o cão passa a obedecer, rigorosamente, as ordens e, mesmo que o objeto encoste em seu focinho ou em sua boca já aberta, ele não o abocanha, se receber a ordem "NÃO".

PEGA E LARGA

Esse treinamento nada mais é do que uma segunda etapa do anterior, com o qual se confunde, pois basta ensinar ao cão, a ordem "LARGA", para completar esse treinamento.

Devemos, para isso: 1 – usar, de preferência, o mesmo objeto utilizado no treinamento anterior; 2 – atirar o objeto para bem longe de onde estamos com o cão e lhe dar a ordem "PEGA"; 3 – o cão sai correndo, pega o objeto, volta e fica sentado à nossa frente, com o objeto na boca; 4 – dar a ordem "LARGA", para que ele o solte, imediatamente, no chão.

Podemos completar esse treinamento com a ordem "PEGA", para que o cão ataque ou somente espante pessoas ou animais e depois a ordem "NÃO", para que ele pare o ataque, não as perseguindo ou mordendo.

A PARAR DE LATIR

Existem cães que têm a mania de latir sem parar, o dia inteiro e, o que é pior, também durante o noite. Isso é bastante desagradável para todos que o cercam e até para os vizinhos. Devemos, por isso, ensinar o cão a parar de latir, para o que, o mandamos latir e depois lhe damos a ordem "QUIETO", para ele se calar. O cão deve ser treinado até obedecer normalmente.

Esse treinamento pode ter uma 2ª etapa, que consiste em darmos a ordem "QUIETO" fazendo, ao mesmo tempo, o sinal **mão aberta** com os dedos bem separados, com a palma da mão bem para baixo e com um movimento rápido, no sentido horizontal. Se ele não obedecer e continuar a latir, colocamos a mão na frente do seu focinho porque, assim, ele se cala.

Em uma 3ª etapa desse treinamento, podemos fazer o cão parar de latir, mas apenas com a **mão aberta**.

NÃO PEGAR COMIDA ACHADA OU DADA POR ESTRANHOS

Para que o cão não pegue ou não coma alimentos encontrados em qualquer lugar ou que lhe sejam oferecidos por estranhos, o melhor é que, desde pequeno, aprenda a só comer no seu próprio prato e que este seja colocado, de preferência, em um suporte, para que fique elevado, acima do chão, ou mesmo sobre um caixotinho, um banquinho, etc., mas também, sempre no mesmo local.

Outra coisa importante, é não deixar o cão ficar em volta da mesa, na hora das refeições de seus donos ou andando pela cozinha ou pela copa, catando migalhas de pães, doces etc, pois isso prejudica o seu treinamento, porque o cão que come a qualquer hora, sem um lugar certo e um horário regular, quando fica com fome, começa a pegar a comida que encontrar porque, para ele, não há diferença entre restos ou pedaços de alimentos que encontra no chão e um bom pernil em uma travessa, sobre a mesa, pois tudo, para ele é um coisa só: comida.

O treinamento para o cão não comer o que encontra ou o que lhe é oferecido por estranhos, deve ser feito da seguinte maneira: 1 – segurar o cão pela guia; 2 – pedir a um desconhecido que lhe jogue um pedaço de carne; 3 – quando o cão vai pegá-lo damos, energicamente, a ordem "NÃO" e ele não o abocanha; 4 – se o cão não obedecer e insistir em pegar a carne, devemos dar-lhe uma pancada com um jornal enrolado, ao mesmo tempo em que repetimos, com energia, bem zangados, a ordem "NÃO.

Após algumas aulas, quando ele não mais tentar pegar o alimento oferecido por estranhos, passamos à 2ª fase do treinamento, para evitar que o cão pegue os alimentos que, por acaso, encontre por onde passar, como ruas, jardins praças, etc., ou quando é solto para correr livre, fazendo um bom exercício.

Esse treinamento consiste em colocarmos um pedaço de carne, sem que o cão o perceba, em um local em que costumamos levá-lo, normalmente. O cão descobre logo, a comida mas, assim que ele tentar abocanhá-la, damos, energicamente, a ordem "NÃO". O cão obedece, não a toca, mas fica por perto dela. Mandamos, então, que se deite, chegamos perto dele e repetimos a ordem "NÃO" e depois vamos nos afastando, mas sempre prontos para repetir "NÃO", quando for necessário.

Existe, ainda, uma 3ª etapa nesse treinamento e que é darmos ao cão, a ordem "FIQUE LÁ". Vamos, depois, nos afastando do seu campo visual, ficando dele escondidos, para podermos vigiá-lo e não deixar que ele pegue a carne.

Para completarmos o treinamento do cão, no entanto, devemos espalhar as mais diversas comidas, em diferentes locais e depois o soltamos, mas o vigiando, sempre, para lhe dar a ordem "NÃO", se ele tentar abocanhar alguma delas. Essa lição deve ser repetida quantas vezes forem necessárias, até que o cão não tente mais, abocanhar as comidas que encontrar pelo caminho.

Quando o cão não quer obedecer as ordens e continua a pegar as comidas que encontra, temos, ainda, um bom método para ensiná-lo, ou seja, o das **iscas com gostos desagradáveis** ou mesmo, ruins, como o de pimenta. Quando, no entanto, esse método não resolve, temos um mais eficiente, que é o do **choque elétrico**, mas que deve ser bem fraco. Ele consiste em ligarmos um fio elétrico a um pedaço de carne ou a outro alimento para o cão pois, quando ele encostar nesse alimento, leva um choque e o larga imediatamente. Adotando esse método, devemos empregar vários tipos de alimentos como iscas, espalhando-as em diversos locais, para que o cão associe: alimento encontrado em qualquer lugar fora de seu prato, dá choque, dá dor.

Quando o cão come somente no seu prato, na casa do seu dono, não corre o perigo de ingerir alimentos estragados, contaminados ou envenenados que lhe poderão causar grandes sofrimentos e até a sua morte por intoxicações ou envenenamentos, causados, muitas vezes, por assaltantes ou por vingança contra ele ou o seu dono.

A BUSCAR UM OBJETO

Desde filhote, o cão já tem o hábito de pegar e de carregar para a sua casa, cama ou ninho, todos os objetos que encontra, o que facilita o seu treinamento para buscar um objeto, pois é necessário, apenas, ensinar o cão a ir buscá-lo, quando for mandado e a trazê-lo e entregá-lo à pessoa que lhe deu a ordem.

O treinamento deve começar com um objeto que o cão esteja vendo e depois, com um objeto escondido, que ele tem que procurar primeiro, pegá-lo e trazer para o seu dono.

O esquema deve ser o seguinte: 1 – mostramos, balançando, o objeto na frente do cão e damos a ordem "TOMA", até que ele o segure com os dentes, 2 – ao mesmo tempo em que fingimos que vamos tirar o objeto da sua boca, damos a ordem "SEGURA", "SEGURA"; 3 – quando o cão fica segurando o objeto e não o quer largar, vamos nos afastando, aos poucos, mas repetindo "SEGURA", "SEGURA; 4 – depois de nos distanciarmos um pouco, voltamos, seguramos o objeto, com as 2 mãos e, com cuidado para não ferir a boca do cão, puxamos o objeto e damos a ordem "LARGA" e, se ele não soltar o objeto, damos um sopro forte, no seu nariz que, em geral, ele o solta na mesma hora.

No início do treinamento, quando ele não quiser segurar o objeto, devemos abrir a boca do cão e o colocar dentro dela, entre os seus dentes, mas na posição certa. Depois disso, devemos comprimir a sua mandíbula, pela parte de baixo, mantendo a boca do cão fechada e, ao mesmo tempo, vamos dando a ordem "TOMA", "TOMA".

Depois que o cão segurar o objeto na boca, só o deve largar se receber a ordem "LARGA". Com o treinamento, o cão passa a só pegar ou largar o objeto, se receber ordem para isso. Quando bem treinado, ele deve pegar objetos jogados na hora, para ele ir buscar, recebendo, para isso, as ordens "TOMA" e "BUSCA" e depois somente "BUSCA". O haltere de madeira ou de plástico é o melhor objeto para esse treinamento.

Para facilitar os exercícios podemos, no começo, prender o cão a uma guia com 10 a 20m de comprimento porque, logo que ele pegar o objeto, devemos dar-lhe a ordem "AQUI" e ao mesmo tempo, puxar a guia para que ele não ande devagar, fique brincando ou se distraia com outras coisas.

Quando o cão voltar e se sentar à nossa frente, devemos elogiá-lo e acariciá-lo e depois dar-lhe a ordem "LARGA", para ele soltar o objeto e, em seguida, a ordem "JUNTO", mas sempre o elogiando e o acariciando bastante, pelo exercício bem feito.

O cão passa, depois, a trabalhar sem a guia e o objeto é colocado cada vez mais longe. Ele deve ser ensinado, também, que só deve correr para buscar o objeto, quando receber a ordem "BUSCA" e não na hora em que o objeto é jogado. Quando o cão fica muito indócil para sair correndo, é melhor mandar que ele se deite com a ordem "DEITA". Quando ele demora muito a voltar, devemos chamá-lo, pois não devemos, nunca, ir atrás dele ou até onde ele estiver.

A GUARDAR VEÍCULOS E OUTROS BENS

Os Schnauzers, não há dúvida, são ótimos "guardadores" de veículos como automóveis e tudo o que estiver dentro deles, além de motos e de diversos outros veículos, casas, etc., chegando a atacar os estranhos e ladrões e até defendendo os seus donos. Eles, porém, só tomam a iniciativa se a pessoa tentar mexer ou roubar aquilo que eles estão guardando. Primeiro, rosnam e mostram os dentes, dando o aviso de que não pode mexer em nada mas, se a pessoa insistir, eles atacam, mesmo, embora não sejam cães de guarda.

A NADAR

A natação é um ótimo exercício para o Schnauzer, mas sem excessos, para que ele não se canse muito, embora goste de água e seja um grande nadador. Por esses motivos, devemos evitar que um cão entre ou caia em uma piscina, especialmente quando suas bordas são altas, o que pode impedi-lo de sair, fazendo com que ele se canse demais e nade até morrer afogado.

ANDAR À FRENTE DO DONO

Para esse treinamento, o melhor é termos um auxiliar e agirmos da seguinte maneira:
1 – com o cão do nosso lado esquerdo, e caminhando normalmente, seguimos o ajudante que vai também andando, a uns 40 a 50m à nossa frente;
2 – repentinamente, damos a ordem "À FRENTE" e, com a mão e o braço bem esticados, apontamos a direção que o cão deve seguir e que é a mesma em que está seguindo o ajudante;
3 – assim que receber a ordem, o cão deve sair correndo na direção indicada, mas sem parar e sem olhar para trás;
4 – caso o cão pare ou fique olhando para trás, depois de haver recebido a ordem, o ajudante deve chamá-lo, mas sem parar de andar e de se afastar;
5 – repetir esse treinamento, quantas vezes forem necessárias, até que o Schnauzer só pare se receber a ordem "DEITA";
6 – caso o cão continue andando após receber a ordem "DEITA", deve ser preso à guia para ser controlado por ela e "freado", para que pare e deite, quando receber a ordem "DEITA";
7 – devemos repetir esse treinamento durante vários dias, até que o cão obedeça o ordem "DEITA", mesmo que não esteja preso à guia e mesmo sem a presença do ajudante.

Quando não houver um ajudante, para o treinamento do cão, podemos usar um haltere ou um outro objeto, como verificaremos a seguir:

1 – andando normalmente, com o cão do nosso lado esquerdo, damos a ordem "DEITA", para ele parar e ficar deitado;
2 – mostramos-lhe o objeto, na nossa mão, vamos andando, mas chamando a sua atenção para o local em que colocamos o objeto, no chão;
3 – voltamos para perto do cão e lhe damos as ordens "À FRENTE" e "BUSCA". Imediatamente, ele deve sair correndo, pegar o objeto e o trazer de volta;
4 – nas vezes seguintes, devemos agir da mesma forma, mas somente fingindo que jogamos o objeto, mas dando a ordem "À FRENTE", para que o cão vá buscá-lo;
5 – assim que o cão chegar a uma certa distância, damos a ordem "DEITA";
6 – se repetirmos esse treinamento algumas vezes, o Schnauzer passa a obedecer, caminhando, normalmente, à nossa frente;
7 – quando receber a ordem "À FRENTE" e o cão ficar em dúvida sobre qual a direção a seguir, devemos apontar-lhe o rumo que deve tomar.

A ATACAR

Às vezes, em certos casos, até de emergência, para defender o seu dono, o cão tem que atacar uma pessoa, um cão ou outro animal. Muitas vezes, ele assim age, unicamente por instinto e de maneira certa, sem nunca haver sido treinado para isso, mesmo que, muitas vezes, nem seja um cão de guarda.

O melhor, porém, é treinarmos o cão a atacar, o que, no entanto, só deve ser feito por uma pessoa experiente e especialista, pois um cão mal treinado para atacar, principalmente sem avisar, representa um perigo permanente para todas as pessoas que dele se aproximam, em qualquer circunstância ou local em que se encontre como, p. ex., em logradouros públicos ou em um apartamento ou uma casa freqüentada por muitas visitas, parentes ou amigos, principalmente crianças, que poderiam ser por ele atacadas sem motivo, exceto o fato de o cão haver sido treinado erradamente.

O principal, nesse treinamento, é ensinar ao cão que ele **só deve atacar depois de latir, denunciando a presença de estranhos ou de perigo**, para evitar que ele ataque quando isso não for necessário.

Para treinar o cão a latir, denunciando a presença de alguma pessoa, mesmo que ela esteja escondida, devemos:
1 – fazer um boneco de pano;
2 – pedir a uma pessoa para escondê-lo em um jardim, uma praça ou em qualquer outro local, pelo qual já passamos com o cão;

3 – voltamos, então, ao jardim ou à praça e passamos, normalmente, pelo local em que se encontra o boneco. No caso de o cão não notar a sua presença, devemos mostrar-lhe o boneco e mandá-lo latir;
4 – repetir o treinamento, algumas vezes, sempre mudando o boneco, de lugar pois, assim que o cão o descobre, começa a latir.

É necessário e muito importante, mesmo, treinar o cão a só atacar quando receber a ordem para isso e para que nunca ataque sem receber a ordem "ATACAR".

Após algumas aulas, devemos substituir o boneco por uma pessoa, para que o cão comece a latir assim que pressinta a sua presença, a descubra e comece a latir, mas não a ataque, até receber a ordem "ATACAR".

Devemos, em uma 2ª etapa desse treinamento, treinar o cão para somente atacar a pessoa, se ela o ameaçar, tentar agredi-lo ou tentar fugir.

O treinamento deve continuar em campo aberto, em um ambiente livre, para verificarmos qual será a atitude do cão em relação ao boneco, mas sem estar preso pela guia. Se ele não atacar o boneco e ficar apenas latindo, para denunciar a sua presença, é sinal de que ele já está bem treinado.

Não devemos deixar, nunca, e isso é muito importante, que o cão, durante o treinamento, esbarre, nem que seja de leve, no boneco, para evitar que ele o morda, o que não seria nada difícil para ele, pois grande seria a sua tentação para fazê-lo. Caso isso ocorra, significa que o cão não está treinado o suficiente para trabalhar sem a guia e que deve voltar a ser treinado com ela, até ficar "pronto".

Quando, no entanto, considerarmos que ele já está preparado, devemos substituir o boneco, por pessoas mas, para evitar acidentes, elas devem ficar paradas e mesmo que o cão só esteja latindo, não devem provocá-lo ou lhe dar ordens, porque elas devem ser dadas somente pelo dono ou treinador do animal.

A REVISTAR UM TERRENO

Só devemos submeter a esse treinamento, um cão que já esteja bem treinado a andar à frente do seu dono e, para isso:
1 – devemos prender o cão pela guia e o levar, em ziguezague, passeando pelo terreno;
2 – todas as vezes em que mudarmos de direção, indicamos, com a mão e o braço bem esticados, um determinado ponto, chamamos o cão pelo nome e lhe damos a ordem "À FRENTE", "REVISTA";
3 – sem que o cão os veja, devemos espalhar pessoas e objetos diferentes, pelos caminhos que vão ser percorridos durante os exercícios.

4 – todas as vezes que o cão localizar alguma pessoa ou algum dos objetos, damos a ordem "LATE" e ele deve ficar latindo até receber a ordem "QUIETO".

A **2ª fase desse treinamento** é uma variante da 1ª fase e só deve começar depois que o cão já aprendeu a encontrar e denunciar a presença das pessoas e dos objetos que ele encontrar pelo caminho. A diferença é que, nesta 2ª fase, o cão trabalha sem a guia e que nós não fazemos mais os ziguezagues com ele, pelo terreno. Dessa maneira, encurtamos o nosso caminho, ao passo que o cão continua a "varrer" todo o terreno, fazendo o seu "serviço". Devemos, para isso:
1 – empregar as mesmas ordens "À FRENTE" e "REVISTA", quando o cão chegar às extremidades do terreno;
2 – todas as vezes que encontrar pessoas ou objetos, o cão deve latir e só parar quando receber a ordem "QUIETO".

Depois que o cão aprender e assimilar bem, os exercícios anteriores, podemos entrar na **3ª fase** do treinamento, na qual empregamos a mesma técnica adotada nas 2 fases anteriores. Nessa 3ª fase, no entanto, caminhamos em linha reta, mas o cão continua a revistar todo o terreno.

Depois que o cão aprender tudo o que lhe foi ensinado nas 3 primeiras fases, temos a **4ª e última fase** desse treinamento, e que difere das outras, porque, nela, ficamos parados no mesmo lugar, dando as ordens para o cão revistar todo o terreno, o que ele, quando já está bem treinado, fará sozinho e com toda a eficiência.

Após algumas aulas, nas 2ª e 3ª fases, devemos eliminar a ordem "REVISTA", substituindo-a pela ordem com a mão e o braço bem esticados na direção desejada, e a ordem "À FRENTE".

É preciso, no entanto, não nos esquecermos de que devemos ter paciência com o cão e que devemos agradá-lo com carinhos, palavras e até com guloseimas, todas as vezes que ele obedecer e fizer bem, um exercício.

Apresentamos, cremos nós, o treinamento básico para quem deseja ter um cão de companhia e até mesmo um cão de guarda. Como, no entanto, muitas pessoas gostam de treinar os seus cães, ensinando-lhes diversas outras coisas damos, a seguir, uma série de outros tipos de treinamento.

A SALTAR EM DISTÂNCIA

Esse exercício, muito fácil, é feito da seguinte maneira: 1 – corremos com o cão do nosso lado esquerdo, normalmente, e pulamos, com ele, uma valeta estreita, com uns 40 a 60cm de largura; 2 – na hora de saltar, damos a ordem "SALTA", para ele associar essa ordem a saltar a valeta; 3 – de acordo com o treinamento, a valeta pode ser cada vez mais larga, mas com as bordas firmes, para que não desbarranquem, quando o cão nelas se apoiar, antes ou depois dos saltos.

Depois de bem treinado, o cão salta a valeta, sozinho, bastando apenas, que receba a ordem "SALTA".

A SALTAR OBSTÁCULOS EM ALTURA

O cão, não há dúvida, tem uma boa capacidade natural para saltos em altura, sobre obstáculos bastante altos para ele, sem haver feito treinamento para isso.

O seu treinamento é feito, portanto, para que ele salte quando receber o comando "SALTA" e os obstáculos que lhe forem indicados, e cujas alturas vão sendo aumentadas gradativamente. Para isso, no entanto, devemos obedecer as regras a seguir:

1 – somente depois de ter 1 ano de idade é que é o cão pode ser treinado a saltar obstáculos porque, quando mais novo, o seu desenvolvimento, a sua musculatura e os seus tendões ainda não estão consolidados, bem como o seu esqueleto ainda não está suficientemente forte para resistir aos impactos provocados por esses exercícios, e que lhe poderão causar problemas graves como luxações, fraturas, defeitos de conformação, etc.;

2 – não submeter a esse tipo de exercícios, o cão que já possuir algum dos problemas ou defeitos mencionados no item anterior porque, não há dúvida alguma, ele se agravará na proporção dos esforços realizados;

3 – antes de começarmos os treinamentos do cão, para saltos em altura, devemos verificar se ele tem mais facilidade para saltar em distância ou altura, o que é fácil. Basta, para isso, observarmos sua posição ao saltar: quando suas pernas ficam encolhidas ele, normalmente, saltará melhor obstáculos verticais, ou seja, saltará melhor em altura mas, quando ele esticar as pernas durante o salto, isso indica que ele será melhor em saltos em distância. Devemos observar, também, o seu desempenho ou maneira de saltar: se pula mais de perto ou mais de longe do obstáculo; se prefere algum tipo de obstáculo ou se ele se recusa a saltar algum outro tipo; se algum arranjo de obstáculos lhe causa medo, etc.

4 – verificar se o cão faz os exercícios de boa vontade ou com prazer ou se ele os faz de má vontade e somente porque é obrigado;

5 – embora o espaço para o cão treinar fique, normalmente, ao ar livre, ele pode fazer os exercícios até dentro de um apartamento;

6 – o treinamento do cão deve ser programado e escolhido o tipo de salto que ele vai executar, o que depende, não só das caraterísticas e aptidões do cão, mas também de diversas circunstâncias como espaço disponível, local do treinamento, etc.

Diversas são as maneiras para começar o treinamento do cão, e temos, entre elas:
1 – prendemos o cão a uma guia comprida, de 10 a 20m e lhe damos a ordem para se manter sentado a uma certa distância do obstáculo e de frente para ele;
2 – passamos a guia por cima do obstáculo e ficamos do seu outro lado, olhando de frente para o cão;
3 – chamamos o animal pelo nome e damos, ao mesmo tempo, a ordem "AQUI" e puxamos a guia;
4 – no momento em que o cão vai saltar o obstáculo, damos a ordem "UPA", "UP", "HOP" ou "HUP";
5 – após o salto, ele deve se sentar à nossa frente, assim permanecendo. Devemos, então, elogiá-lo com palavras meigas e acariciá-lo, por haver executado bem, o exercício. Depois, lhe damos a ordem "JUNTO", para que ele se levante, dê a volta por trás das nossas costas e se sente do nosso lado esquerdo, junto à nossa perna.

Uma **2º maneira** para treinar o cão a saltar é:
1 – usamos um obstáculo baixo, no máximo um pouco mais alto do que a barriga do cão;
2 – vamos andando normalmente, com o animal do nosso lado esquerdo, damos a ordem "TROTE", corremos e saltamos o obstáculo, junto com o cão;
3 – durante todo o trajeto a seu lado, vamos falando com ele, para distrai-lo, para que não fique concentrado no obstáculo e, na hora do salto, damos a ordem "UPA. Esse exercício deve ser repetido várias vezes, mas sem deixar que o cão se canse muito.

A **2ª etapa** desse treinamento é a seguinte:
1 – o cão vai trotando do nosso lado;
2 – chegando ao obstáculo, nos desviamos dele, mas deixamos o cão continuar direto para saltá-lo;
3 – na hora do salto, soltamos a guia e damos a ordem "AP", "UP" ou outras que já mencionamos;
4 – logo após o seu salto, lhe damos a ordem "JUNTO"
Com o treinamento, o cão passará a saltar com facilidade e a altura do obstáculo vai sendo aumentada gradativamente.

A **3ª maneira** para treinar um cão a saltar obstáculos é fazê-lo saltar solto, sem a guia, e obedecendo somente as ordens que lhe são dadas, o que deve ser feito como se segue:
1 – com o cão do nosso lado, paramos a uns 2 ou 3m antes do obstáculo;
2 – dizemos o nome do cão, para chamar a sua atenção e lhe damos a ordem "UPA", para que ele, obedecendo, execute imediatamente, o salto;
3 – logo depois de saltar, o cão deve voltar e, recebendo a ordem "SENTA" deve assim permanecer à nossa frente, até receber nova ordem.

Somente quando o cão já estiver saltando o obstáculo, normalmente, é que devemos passar à próxima fase do seu treinamento ou a uma nova lição que, neste caso, é saltar o obstáculo na ida e na volta. Para isso, devemos agir da seguinte maneira:
1 – mantemos o cão sentado do outro lado do obstáculo, mas de frente para ele;
2 – chamamos o cão pelo nome e lhe damos a ordem "UPA" porque, quando bem treinado, ele obedecerá imediatamente e saltará o obstáculo;
3 – caso ele não obedeça e não salte, diminuímos a altura do obstáculo e tornamos a prendê-lo na guia;
4 – damos, novamente, a ordem "UPA" e, ao mesmo, puxamos a guia, porque, provavelmente, ele executará o salto.

A SALTAR OBSTÁCULOS E BUSCAR OBJETOS

A diferença entre esse treinamento e o anterior é que, depois da ordem "UPA", para o cão saltar, damos a ordem "BUSCA", que ele já conhece, para que ele pegue o objeto, salte o obstáculo, quando estiver voltando e se sente à nossa frente. O cão só o deve largar, quando receber a ordem "LARGA". Damos-lhe, depois, a ordem "JUNTO".

Gradativamente, devemos ir aumentando a altura do obstáculo e o cão deve ir buscar o objeto, mesmo que não saiba onde ele está e seja obrigado a procurá-lo.

A ESCALAR MUROS E PAREDES

Depois que o cão já estiver bem treinado a saltar obstáculos, é que podemos treiná-lo para escalar muros e paredes.

Devemos, para isso, fazer o cão tomar velocidade e se lançar, o mais alto que puder, no muro, e depois ir "subindo" por ele, até conseguir firmar as patas da frente na sua borda para, então, puxar o corpo para cima e saltar para o outro lado do obstáculo.

Para que o cão compreenda que deve escalar o muro, devemos levá-lo para junto dele e, apontando para cima, damos a ordem "UPA".

Essas escaladas não devem ser repetidas muitas vezes e, depois de cada uma delas, o cão deve ser examinado para verificarmos se ele não se machucou, porque elas exigem esforços e podem provocar contusões mais ou menos fortes e que novos saltos poderiam agravar, além de aumentar o sofrimento do animal, pelas dores causadas por possíveis traumatismos, luxações, distensões ou até mesmo fraturas.

Não nos devemos esquecer de que o cão deve receber agrados, elogios, carinhos e até mesmo guloseimas, toda vez que fizer um exercício bem feito, pois essas recompensas o estimulam a ter um bom desempenho no seu treinamento.

A capacidade de o cão fazer escaladas vai aumentando com o treinamento e, por isso, devemos ir aumentando a altura do obstáculo, mas gradativamente.

O cão, devido à sua inteligência e à sua capacidade de aprender, pode ser ensinado a fazer um grande número de coisas além das que apresentamos neste livro, mas que, cremos nós, são suficientes para as pessoas treinarem os seus cães, principalmente de companhia e de guarda.

Muitos cães, no entanto, são criados para missões específicas como, p. ex.: descobrir tóxicos escondidos em bagagens, veículos e em outros meios empregados para o transporte de drogas; na descoberta de minas terrestres enterradas, geralmente, em regiões em que ocorreram guerras; combates ou bloqueios para impedir a passagem de veículos, pessoas ou animais; como cães de guerra, etc.

Além disso, os cães são empregados, principalmente pelas policias e pelos exércitos de todo o mundo, inclusive do Brasil e para as mais variadas e perigosas missões e trabalhos, muitas vezes impossíveis de serem realizados pelos homens, sendo assim, salvas milhares de pessoas em todo o mundo.

Os cães, podemos mencionar, como um exemplo de sua missão humanitária, foram empregados para localizar vítimas sob os escombros de Kobe e de outras cidades do Japão, depois de violento terremoto que as atingiu em janeiro de 1995.

Esses cães, não só localizaram essas vítimas, mas salvaram da morte, centenas de pessoas.

IMPRESSÃO E ACABAMENTO:
YANGRAF Fone/Fax: 6195.77.22
e-mail:yangraf.comercial@terra.com.br